放不下？那就挑起來吧

禪和尚 本性 著

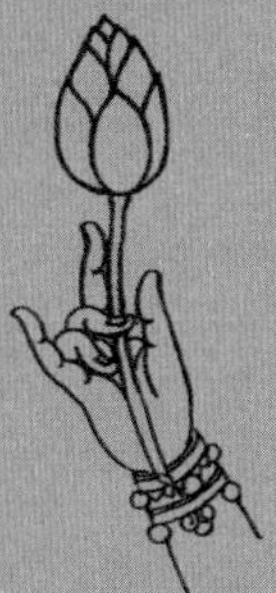

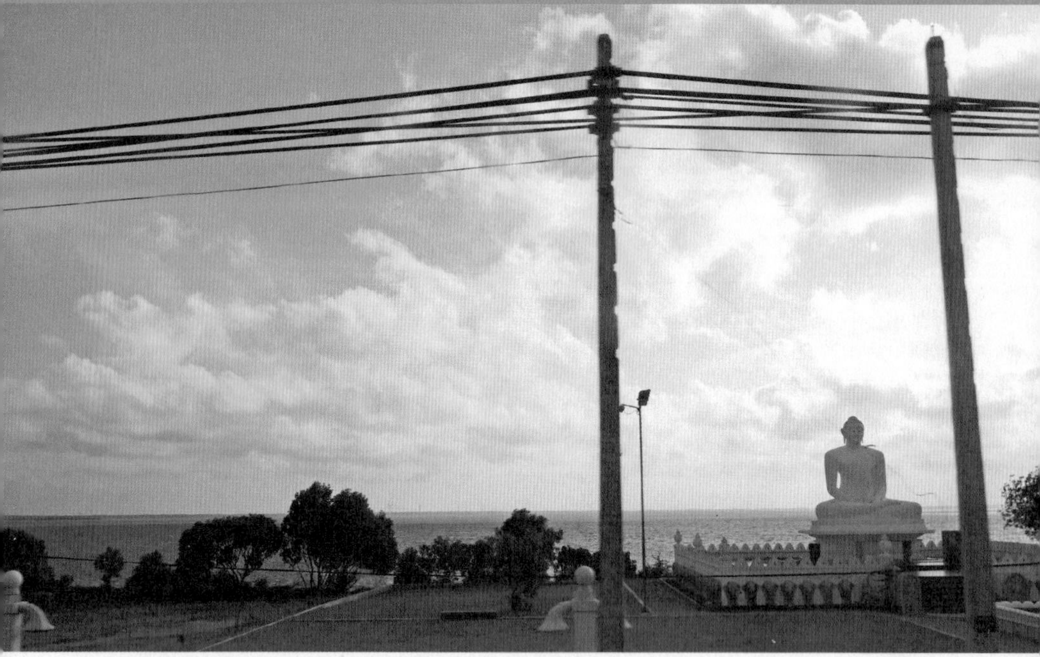

【目錄】

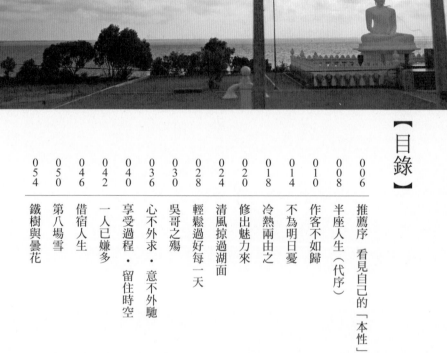

看見自己的「本性」（序）

游祥洲

禪和尚本性法師一系列正體字版的禪語錄，即將出版，這是我們這些愛好禪智慧者的福氣。一看這個系列的名稱，叫做《開心見本性》，馬上就心生歡喜！

佛教以「四聖諦」為佛陀的根本思想，而第一個聖諦就是「苦諦」，也就是如實面對人世間一切的苦難，這些苦難，沒有固定的形式，也沒有人知道什麼時候結束，更可憐的是，從古到今，那麼多的世代，那麼多不同的族群，大家都苦過了，也都苦夠了，但有誰告訴你，苦的意義是什麼？

佛陀非常理性地分析了「苦」的種種緣起，這就是「集諦」。而解消這一切苦難，是有方法的，這就開展了以八正道為核心的「道諦」。依「道」而修，其所成就的沒有煩惱的生命境界，就是「滅諦」。多數人一接觸到佛教「四聖諦」的思想，通常心情是愁苦的，雖然相信「滅苦有道」，但總是高興不起來。

現在我們的禪和尚本性法師，一位在南傳上座部國家留學了五年的中國和尚，回到華人的土地上，卻唱起「開心見本性」的調子來，這讓我想像到一個畫面，小牧童騎在牛背上，雖然踩過爛泥巴，踩過碎石堆，卻依然快樂地唱著自己的歌，在那個當下，沒有爛泥巴，也沒有碎石堆，只有一顆全然活在本性之中的心！

人間的苦，不可避免，重要的是，保持快樂自在的心，而這顆心，就是我們的「本性」，或者，比較嚴肅的說法，就是我們的「佛性」。「看見本性」，可以說是看見禪和尚「本性」這個人，更重要的是，通過他的禪語錄，每個人都能夠在生活當中，開開心心地看見自己的「本性」。

「開心見本性」這句話，看似簡單，卻是禪和尚本性法師以他圓融的智慧來貫通南傳佛教「四聖諦」以及北傳佛教臨濟禪的現代化思想結晶。

二〇一三年十月二日，禪和尚本性法師應世界佛教聯誼會（World Fellowship of Buddhists）之邀，在「世界佛教曼谷大會」上演講，題目為〈人間佛教，南北融合——論全球佛教可續性發展的新機遇〉，深受與會世界各國佛教領袖的肯定。禪和尚本性法師不但積極投入人間佛教的佛行事業，而且致力於南北佛教思想的高度融和。這的確是全球化未來發展的主流方向。

半座人生（代序）

禪和尚 本性

有一次，佛陀在說法。演說中，他見大弟子迦葉於人群中聽講，便停了下來，與迦葉打招呼，叫迦葉到他身邊，他還挪了座凳之一半請迦葉上座。迦葉堅辭，但佛陀還是請他坐，並請之為眾說法，此即佛陀分座迦葉的故事。分座也叫半座，比喻前輩請晚輩弘法，也比喻恭請者禮賢下士，予受請者與自己同等的地位，該公案載在《雜阿含經》中。在《法華經》中，也有類似公案，講的是多寶如來分半座予釋迦佛的事。佛陀曾經受前賢半座，自己又分半座後輩，說明了佛陀重視弘法，希望重視弘法的傳統代代相傳。

佛陀教化的一生就是弘法的一生，從初轉法輪到囑咐遺教，浩如煙海的三藏十二部經典[1]，由此而出。可以說，佛教有今天，除了修證的功德之外，重要的是千百年來，有歷代高僧大德踏著佛陀的神聖足跡，不斷弘法。

弘法的意義在於使佛法之脈綿延不絕，在於使眾生的慧命不斷得到解救。法脈不絕，便是正法久住。救人一命勝造七級浮屠，何況救人慧命。

「眾生慧命，繫汝一人。汝若不為，罪在汝身。」

衲本性作為僧團之一員，承前賢加被，有幸常得半座，很是感恩，當不會忘記自己的身份及義務與責任。但祈因緣常俱足，成就畢生弘法願。期望與四眾同仁共同精進，眾志成城。

在中國，關於弘法，有許多有趣的傳說，如：生公說法，頑石點頭；神光說法，天花亂墜。而佛教，更有許多有趣的經典故事，內容包括：人生非人生的、生老病死的、愛情婚姻家庭的、學業事業的、為人處世的、倫理道德的、文學藝術的、哲學宗教的……種類之齊全、內容之豐富，有如一部百科全書，有興趣的話，在聽我說的閱我寫的之外，大家還可以去查找看看，美妙著呢。

❶三藏：經藏（佛一生所說的法）、律藏（佛所規定的戒律）、論藏（佛弟子讀經研律的心得）。十二部（經典的體裁）：長行、重頌、授記、孤起、自說、因緣、譬喻、本事、本生、方廣、未曾有、論議。

【作客不如歸】

俗話說：「居家千日好，出門時時難。」

因為，居家，是主人，出門，是客人啊。

在此世間，我們多數人，都是客人身份，雖然所處時空各異，但也都是在客棧，在路上，不著鄉土，不著家。

當年，黃龍慧南禪師就說：後世的子孫們不肖，祖宗的田不耕不種，荒廢了；他們向外馳求，就算是有些見解的，也盡是浮財不實在；所以，作客不如歸家，多虛不如少實。

人生之生如寄。生，只是生命長河的一小階段。生，在此世間，仿如客居。生，沒有根，不及源，一風而吹去。即便如此，我們為了生，為了生存，為了生活，為了生的整個歷程，對生，卻傾盡了我們一世的精力。而我們卻忽略了，生之外，還有死，就如客之外，還有主。

人的生，是很短的，死才長。客是短時的，主人才永遠。生此一世，之於死的千年萬年，千世萬世，微不足道，就如一粒沙塵之於恆河。我曾立身泰山之巔，就覺生如我，而死如

蒼穹與群山，主客立辨。如果我們棄主就客，實為本末倒置，起碼也是不夠平衡。為此，為了生得好、生得長而努力之外，我們還是要、一定要為了死得好而精進。

什麼叫死得好？死得短？每個人都會有百年之後，死是人的必經之路，是人必須面對的一項客觀現實。印光法師曾書死字掛床頭死參，就是要參出其中奧妙，從而解決死得好、死得短的問題。有人臨命終時，心不顛倒，意不貪戀，也沒有慌亂、畏怖，只是住心一處，求生淨土。我認為，這就是死得好了。

如果，我們無法死得好，那麼，我們就久遠處於客居中，久遠是客，久遠無法找到自己，久遠無法做回自己，就久遠地沒有了主人，沒有了家。

【不為明日憂】

古人說：兒孫自有兒孫福，莫為兒孫作遠憂。這也讓我想到——今日自有今日事，不為明日枉憂愁。

是啊，明天自有明天的太陽，明天的月亮，明天的山，明天的河，明天的希望，明天的夢，以及明天的生命與生活。

我們平時，都在讚歎猶太人的聰慧與能力。

猶太人對「一日」的定義，就讓我驚歎。他們的一日，是從今天的日沒時開始算起，到明天天亮時結束。記錄猶太教律法、條例和傳統的《塔木德經》（Talmud）說：「與其明亮開始，黑暗結束；

▼猶太教導師們拉比正在討論《塔木德經》

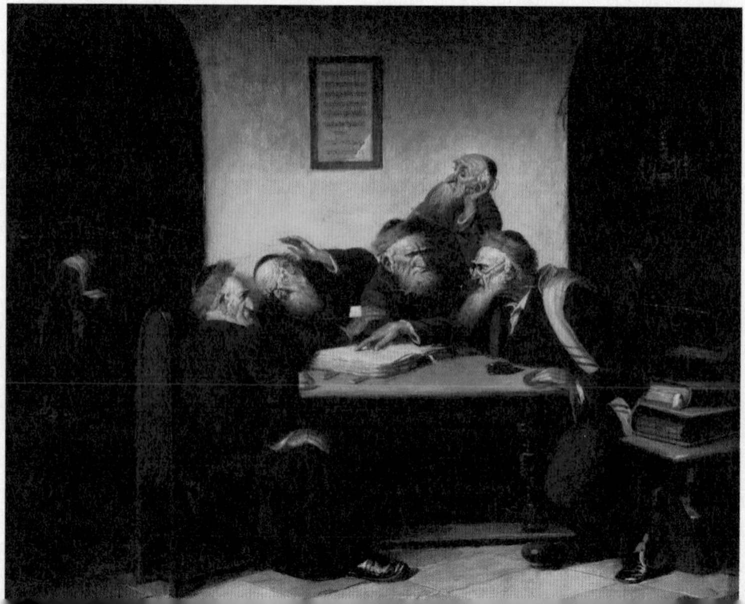

不如黑暗開始，明亮結束。」這是多麼有境界的話呀。

中國人常說：「仁者不憂，智者不惑。」也說：「君子不憂。」

對呀，憂都無需了，何況還是明日的。

《聖經》說：「不要為明日自誇，因為一日要生何事，你尚且不能知道。」（箴言）又說：「不要為明天憂慮，因為明天自有明天的憂慮。」（馬太福音）

是啊，今日不知明日事，憂什麼！明日不知後日的事，愁什麼！如果今日就為明日憂愁，就如今日已有擔子，還把明日的擔子又擱在今日的肩上，那還挑得動嗎？那還不折斷腰折斷腿嗎？

所以，對此刻，對今日，我們有能力擔當多少，就多少！這就夠了。為此，對待此刻，對待今天，就如同對待明日一樣，我們也無須憂慮。只管活於當下，只管擔當於當下，這就好了。

有人說：「不傷逝昨日，不憂愁明天。不為明日憂，不為昨日悔。」大概也是這種意思吧。

有位妻子，老擔心丈夫駕車技術不精，怕出意外。有一次要去遠地，丈夫說開車送她，她不放心，不讓送，就去坐其他熟練老司機開的車。不料，中途意外，車翻人亡，她只活到中年。可是，車技始終不佳的丈夫，開了一輩子私家車，卻活到了九十多歲，壽終正寢。

丈夫生前，人問他，車技不好卻平安行駛的原因。他說：「開車時，不想明天的事，不想稍後的事，不想安全的事，不想不安全的事，但注意開車於當下，小心開車於當下。」

晚唐詩人羅隱《自遣》云：「得即高歌失即休，多愁多恨亦悠悠。今朝有酒今朝醉，明日愁來明日愁。」

至於，在「不為明日憂」與「今朝有酒今朝醉」這兩種人生態度之間，如何平衡把握，如何辯證對待，就是另一篇文章的內容了，希望你能親自去書寫並書寫好。畢竟，如人飲水，冷暖自知，理論與實踐的結合，最終，還得靠你自己。

【冷熱兩由之】

自然季復季，人生年復年。

時輪真的轉得太快，不覺間，綠葉又枯黃了。舊年將去，新歲快到來。季節的變換，使天氣轉寒，同仁們加衣的加衣，戴帽的戴帽。

剛才，幾位同仁為天氣的冷熱問題爭論著。有人說，南方好，天氣暖熱好；也有人說，北方好，天氣寒冷好。他們都列舉出各自的理由，但爭到最後，還是莫衷一是，沒有一個共同認可的結論。

這令我想起弘一法師與夏丏尊先生的一段對話。時在一九二五年左右，地點於寧波七塔寺。

某天，夏丏尊先生走訪弘一法師，見法師吃飯時僅一道鹹菜，便關心地問之：「只鹹菜，不是太

▶弘一法師

鹹了嗎？」

弘一法師答：「鹹有鹹的味道。」

飯後，夏丏尊先生見弘一法師倒了一杯白開水，在喝著，又關心地問之：「沒有茶葉嗎？清水太淡了。」

弘一法師答：「淡有淡的味道。」

是啊，鹹有鹹的味道，淡有淡的味道。

同樣，北方有北方的好，南方有南方的好，冷有冷的好，熱有熱的好。何必一定要分出個我上你下，你上我下，你對我錯，你錯我對呢？要知道，南北各有因緣，冷熱各有對機。適者就好，應者就好。其之妙也，在乎一心啊。

這也告訴我們，在現實生活中，我們不應太主觀，不應老把自己的主觀意識強加給別人，或老以自己的主觀意識去判斷客觀規律。如果這樣，往往有可能與別人的意願或客觀規律相背離。

【修出魅力來】

「男兒自有沖天志，不向如來行處行。」為山靈祐禪師如是說。

龐蘊居士問江西馬祖道一禪師：「不與萬法為侶者是什麼人？」

馬祖道一禪師答：「待你一口吸盡西江水，再向你說。」

這些偈語或公案，給人感覺很豪邁，氣沖霄漢。

當然，也有些偈語或公案給人感覺玄奧，甚至有些叛逆意味。

例如：丹霞天然禪師原本是個儒生，去應科舉考試途中偶遇禪僧，禪僧對他說：「考官哪如考佛？」聽後頓悟，乃轉入佛門。悟道後曾燒木佛取暖。

百丈懷海禪師立禪門清規，要求：「不立佛殿，唯樹法堂。」

六祖慧能說：「聖人求心不求佛，愚人求佛不求心。」

趙州從諗禪師則云：「金佛不度爐，木佛不度火，泥佛不度水，真佛內裡坐。」

這些禪門高僧大德，其言其行，自有其德行、修為、道理、境界，自有其特殊的魅力。

我們凡夫，可以會意於心，未必可效其行。

我很欣賞曾點，同孔子一樣。

孔子與子路、曾點、冉求、公西華等人論志向。曾點說：「暮春者，春服既成。冠者五六人，童子六七人，浴乎沂，風乎舞雩，詠而歸。」他認為極高明的道是中庸，這是最難，但又是最高的境界。所以，孔子也說：「吾與點也。」

作為凡夫，我們的魅力來自哪裡？不是高高在上，或低低在下，或極端的前後左右。我們的魅力在於居中，在於做好說好現實中的一行一言，在於保有一顆平淡平常平和的心。

有位豪富女施主問汾陽無德禪師：「如何才能最具魅力？」

無德禪師告訴她：「講些禪語，聽些禪音，做些禪事，用些禪心。」

那麼，何為禪語？

禪語即歡喜的話，真實的話，謙虛的話，利人的話。

何為禪音？

即化辱罵的音為慈悲音，化譭謗的音為幫助音，化哭音鬧音粗音刺音為微妙音。

那麼，何為禪事？

就是佈施的事，慈善的事，服務的事，合乎佛法的事。

何為禪心？

即你我一如的心，聖凡一致的心，包容天下的心，普利一切的心。

現在，是個非常崇尚、講究、追求魅力的時代，個人如此，群體也如此。因此出現了各式各樣魅力的標準、行為。但與其稱為魅力，不如稱為魅惑或怪異。為此，當我們今天重讀無德禪師的教誨時，是多麼地受用。儘管他的教誨，聽起來那麼平凡、樸素、簡單。

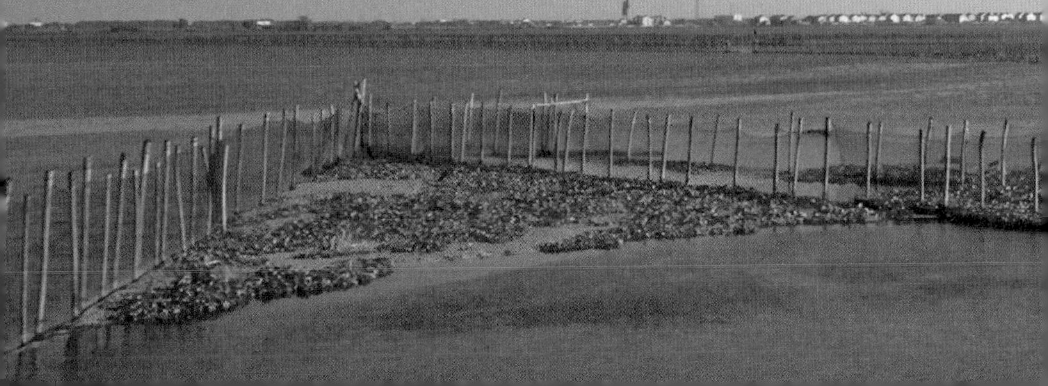

【清風掠過湖面】

近來，山居泰寧之峨眉峰。

因為峰高，山深，氣候清涼。在福州，天氣炎熱，夜無空調無以成寐。而這兒則需蓋著厚厚的被子。

昨夜，小雨洗山。今晨，雲來霧鎖。

走在長長的木棧道上，赤腳與純木的接觸，發出生態的聲響。棧道兩側，淡淡薄霧中，山花欲綻，野果待熟。

棧道拐彎處，有一湖。斯湖也，大不大、小不小、深不深、淺不淺。湖水一汪，非碧非綠，又清又純。湖畔老樹，影落湖中。偶有清風展翅，掠過湖面，伴著清柔的和聲。

是日，數度湖邊徜徉，對此湖，幾度心生神祕之感。我在想，上千年來，古寺的老僧，是否也經常在此湖邊踱步？他們在想些什麼？是否，有老僧在此湖邊悟道？是否，有老僧在此湖邊許下了什麼？

寺中有小僧，樂居山中，晨鐘暮鼓，不絕如縷，有其小而大的一份功德。有次，晨起，天初白，山初翠，見此小僧湖邊棧上盤坐，如小佛一尊。遠遠望著他，我不敢踱上木棧道，怕小小的震動，會驚動他，雖然未必。直至晨曦微露，雲光中，他的袈裟隨風而起，其行步棧道，如登雲梯，欲上青雲。

記得，李翱的《贈藥山高僧惟儼》詩曰：「練得身形似鶴形，千株松下兩函經。我來問道無餘說，雲在青天水在瓶。選得幽居愜野情，終年無送亦無迎。有時直上孤峰頂，月下披雲嘯一聲。」

閒步棧道湖邊，我甚至相信——這藥山惟儼禪師，曾經度化於此。

▶馬公顯《藥山李翺問答圖》

【輕鬆過好每一天】

我曾踏足高山，其險峻雄偉，讓我慚愧得不敢仰視。

我也曾浮舟大海，其波濤洶湧，一望無際，也讓我慚愧得不敢遠望。

為此，我總在探尋某個地方，其為山與水的交接點，是慈悲與智慧的交叉點。

也因此，我總是嗜好山水，總是流連其間。看日出日落，月落月升；觀葉綠葉黃，樹枯樹榮；看潮漲潮退，波息波生。自然的赤橙黃綠，自然的藍靛紫，給了我很多的啟示。既然，如此偉大而鬼斧神工的大自然尚且這樣，何況我這區區一介書僧——或命或運。

我很喜歡外國的一則故事：

英格蘭國王威廉二世（William II），有次揮師出兵，剛一出發，便不慎絆倒，跌倒於地，將士一見，大驚失色，以為不祥，但國王卻迅速站起，雙手捧著摔倒時從地上抓起的泥土，高高舉起，高呼道：「感謝神，賜予王國，英格蘭的國土，現在，就在我的掌中。」這時，大家稍愣之後，便齊聲鼓掌高呼！

我也很喜歡中國的一則故事：

北宋時，有個才子，人稱石曼卿學士。有次，由於馬夫的不當，石才子被馬從馬上抖落，這時，馬夫好惶恐啊！以為才子會大發雷霆，甚至懲罰他。但是，石才子卻若無其事一般，從地上爬起來，還幽默地說：「還好，我是石學士，不是瓦學士，如是瓦學士，定是摔碎了。」

是啊！國王跌倒了，卻擁有了國土；石學士雖摔倒，照樣完好如初。為什麼？我想，他們探尋到了山與水的交接點，探尋到了慈悲與智慧的交叉點。

這個交接點，這個交叉點——慈悲，便能包容寬恕；智慧，就不計較執著。

我相信，這就是我們應該而且能夠輕鬆地過好每一天的注釋，也是理由吧。

【吳哥之殤】

北國之春，南國深夏。

邁著吳哥的腳步，踏足吳哥的山水，猶如涉足吳哥悠遠的歷史，吳哥幽古的時空。

那是微雨的清晨，微雲的傍晚，吳哥的橋，或者說行道，枕著歲月的滄桑，那裡看似水無痕，但我卻感受出了其中的酸楚，淚與汗。

誰能說，當年，這裡沒有白骨作墊，不是血肉為漿！

望著行道下的無痕水，我的眼前映現了多少暹粒市（柬埔寨暹粒省的首府）勇士的雄姿，盔甲在身、劍戟在手，喊聲撕裂了暹羅將士的烈影，地暗塵蔽，沙飛沖天。

有人問我，這條行道走過了多少人？我回答他，走過了多少年。他驚奇地問我，為什麼其中四百多年沒人走？是啊，為什麼？但確確實實地發生了，這就是歷史，這就是歷史的故事，可以讓你一時熙熙攘攘，也可以讓你頃刻寂寂無聲。

從行道步入吳哥的建築核心，默默地坐在某個窗口的幽古石上。沒有刻意的地點選擇，也沒有刻意要沉思些什麼，就這麼呆著。陌生遊客的相機閃光，似乎提醒我，我該在這兒做點什麼，以便更圓滿地前來，更圓滿地走。於是，我也用相機照了一些後無來者的雕刻。奇妙的是，被照出的雕像，我與之有著似曾相識的感覺。莫非？多少年來，我曾於此出入過，或者，我就是其中的工匠一員。

一殿一殿、一巷一巷、一步一步地行進，我似在打開一朝一朝、一代一代悠遠的歷史。吳哥的始作俑者，他是否會想到，他是否願去想，多少年後，他的生命傑作，他的靈魂豐碑，會是今天這樣的，亂石橫陳、亂草叢生。

站在吳哥的最後一殿，回想著最前一殿，想像著千百年來，紛紛擾擾於其中的芸芸眾生，他們從吳哥獲取了什麼？他們為吳哥付出了什麼？但他們，都別了吳哥而去，或為塵，或為灰，跡不在，影不留，包括那堪稱偉大的吳哥創造決策者。

我不是一個打破沙鍋問到底的探詢者，更不是一個有求必應的答案提供者。有時候，我常想，問題本身就是問題的答案。走在吳哥，誰都想這麼問：吳哥的形成是靠什麼力量？在我認識的人中，有人說，是政治的力量；有人說，是軍事的力量；有人說，是愛情的力量；有人說，是孝心的力量；有人說，源於私欲與虛榮。但就沒有人說，是宗教的力量。

▶一八七三年的書中呈現吳哥窟景象

帶著這個問題，我曾試圖尋求神佛的答案，但他們沒有給我明確的啟示。我只看見，佛的聖容微笑著，神的聖容微笑著，在日起月落、月起日落間。這沒有答案的答案，這不是答案的答案，讓我忽然想到，這也許就是為什麼，政治沒有挽救起吳哥王朝的覆沒；軍事沒有阻擋住暹羅軍隊的侵略；愛情沒有讓嬪妃們的宮室保全無損；孝心也沒有使帝王的父母居所不壞壽命長生；而私欲與虛榮，更無法成全吳哥於完好不壞歷久長新。但宗教做到了嗎？宗教也沒有做到。但宗教事先就揭示了這一點，世事無常，沒有永恆。因此，我覺得，宗教在這點上，似乎又做到了什麼！

此次，陪同我們走在吳哥的，不是導遊，而是司機。談起吳哥的歷史，他的表情既自豪，又悲哀。談到吳哥的今天，他是既充滿失落，又滿懷希望。他沒有忘記告訴我，數百年來，柬埔寨的歷史，就如吳哥的歲月一樣，充滿火藥，處處饑餓。是啊，走在吳哥的腹地，沒手沒腳的人們排在路邊，以傳統音樂演奏乞討，據說，他們都是地雷的產物。

別離吳哥回暹粒市的路上，望著路邊零星的蒼老大樹，零落的歷史遺跡，我在想，雖然，歷史與時空不可能循環反覆與輪回再現，但我還是幻想著吳哥那過往的璀璨與輝煌能夠回來。

▲ 逐漸被樹林包圍的吳哥窟

【心不外求・意不外馳】

當年，慧可請求達摩為之安心。達摩要慧可取心來，以便為之安。慧可取心，了無可得。達摩因此為之安好了心。

在此，心以了不可得而安，即以無心而安。

心安很重要。

心安則身安，心安則家安，心安則國安，心安則世界安。

達摩慧可的安心法，是好，是高超，是一種境界，但適用的是再來者，凡人羨慕的多，談論的多，若要學到口、到心，直至落實到實處，則很難，實在難。

不過，難行能行啊。

有同修體會說：「要安心，先要失望、絕望、灰心、死心。」不知他要灰什麼心？死什麼心？失什麼望？絕什麼望？

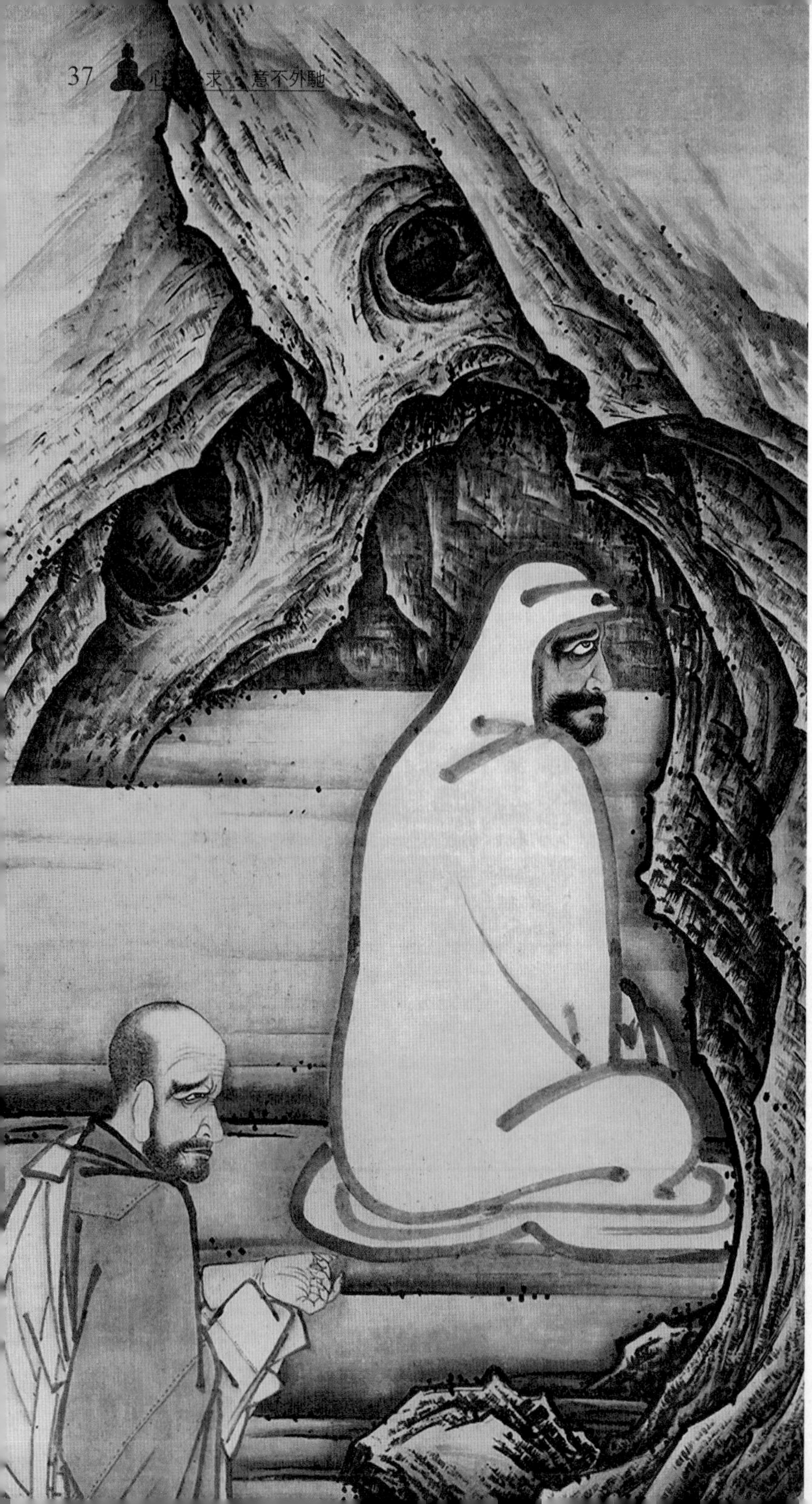

◀據説慧可於雪中斷臂向達摩顯示求法之決心

又有說，要安心，先要看破、放下，然後自在、解脫，這樣才可安心。難道，不是這樣的嗎？

還有說，要安心，先得無念、無相、無住。這當然，不過，該如何達到無念、無相、無住呢？這「三無」❶本身就是微妙無極的境界啊。

經典也告訴我們，要安心，還可以安住於空而達到。空既是虛幻，又是無常，更是寂滅。對，理當如此啊。

我對安心的體驗之一則是：心不外求，意不外馳。也就是，心內求，意內守。外，太多，太雜，太亂，太易讓心為之轉意，為之迷。禪宗強調：莫向外求。還有禪詩：「佛在靈山莫遠求，靈山只在汝心頭，人人有個靈山塔，好

向靈山塔下修。」這說的該是同一味吧。

古語也說：「一動不如一靜。」「既來之，則安之。」靜了，安了，方可見——青空無雲，水潭無月，人間無蹤，明鏡無影。這不正是吾等忙來忙去，不安來不安去，要尋覓的嗎？如何心內求，意內守？祖師說：「該誦經時誦經，該禪定時禪定，該吃飯時吃飯，該睡覺時睡覺。」

原來，安心，這麼簡單啊。

❶三無：「無念」就是不於諸境上產生情緒，「無相」就是不否定也不執著一切表相或實相，「無住」就是心念不要停留在唯一的一個地方。

【享受過程・留住時空】

時間，無始無終。

空間，無窮無際。

我等凡夫，對待時空的態度，無非三種：一，要求快點；二，要求慢點；三，隨之去吧。你在行路，急性之人必催促著你；慢性之人要你悠著緩點；心境平和之人，隨你快慢，無所謂。

今天，行在路上的皆是行色匆匆之人……

人生苦短，別去趕時間。趕時間，推著時間過去，便拖不回來。時間的快過，也令人的生命快過，多可惜。但無所謂的態度，似乎也不好，這樣我們自己的意志在哪？

不同於先前，如今，我喜歡慢著來慢著去的時空觀。

人生總有許多事情要做，永遠也做不完的。因此，要為自己的生命留點空閒，留點時間，留點空間，留點過程。過程及享受過程本身就是要做的最重要、最大的事。

再說，有形身心的運作快慢，永遠只是個相對的動詞。快能快到哪去？慢又能慢到哪去？一小時完成一百或一百二十計件，有多大的不同意義？因此，無須為此做掙扎、作計較。

有位年輕人在等戀人，見之遲遲未來，急了，生氣了，罵時間怎麼過得這麼慢。聽到罵聲的時間之神，便安排他進入夢幻中快速的時間通道：他一進入，時輪飛轉，他與那戀人，一下子就見面了，一會兒就生兒女了，接著而來的就是老、病，死了。如夢初醒後，他一身冷汗，不再急著要馬上見到他的戀人，也從此不再急著要時間快來。

我想，如果要快，要趕時空，應放在思維上、思想上、精神上，讓空間一念三千里，讓時間一念百萬年，這才快得有價值啊！

為此，讓我們好好地：享受過程，留住時空。

【一人已嫌多】

小時候，踏足過沼澤地。腳若不及時抽出，便會越陷越深，難於自拔。其結果，危殆矣。

元旦剛過，春節又來。凡情俗事，裹手纏身。雖還能呼吸，卻也差點喘不過氣來。有這感覺，也許是我修為不深的原因吧。

晚餐後，踱步觀音苑。雖經寒冬，不多的幾棵松，還是堅持著不落綠葉。新植的，還有舊栽的幾株大小桂樹，已在結蕾開花，小小花蕾點點，蘊蓄著濃濃春情與春意，看著它們，我心生感慨與感動。

在這地球，人世之間，多少山，多少水，多少人，多少事。自然早就告知我，是山水多，不是人事比例大。我們不能老拋下山水，只沉溺人事。

有一些過來人，脫縛了生死、美醜、善惡、染淨等，意不顛倒、心不執著。他們看人事，看自然，包括感受，沒有區別，沒有差別。在他們，春可夏，夏可秋，秋可冬，冬可春，無拘無束。

但有幾人，能如他者呢！

我們根淺葉稀，凡深俗重，境象面前，花是花，草是草，樹是樹，普為人事轉，也因此，淡了初心，忘了是誰。

坐在觀音苑松下的小石凳上，眼前浮現出峨嵋峰的松林清影，耳間響起了那松濤的回聲。這清影，這回聲，讓我忽感清明輕鬆，頓覺自由自在，心中一片清涼。

怪不得，日本的夢窗疏石做國師時，卻念念不忘雲山水月：「青山幾度變黃山，世事紛飛總不干；眼內有塵三界窄，心頭無事一床寬。」及此，我不會不想到宋代此庵守淨的禪詩：「流水下山非有意，片雲歸洞本無心；人生若得如雲水，鐵樹開花遍界春。」更有唐代的龍牙居遁禪師說：「木食草衣心似月，一生無念復無涯；時人若問居何處，綠水青山是我家。」

真羨慕這幾位禪師，多瀟脫啊。其實，他我本一同，我本應此身，在此景，何必多此一羨慕呢。

過幾天，或許，我又應又要起程到一個松風水韻月影竹聲的地方去了。那裡很冷，結冰了，很寒，凝霜了。但那裡高，與天接近，很清很藍，沒有黑雲遮眼，哪怕彩雲或白雲。

在那裡，拽出靈魂清洗，如有不潔，扔入江河冷凍，讓自我享受冰裂般的疼痛，然後，寧靜地等待日出，涓涓流水，溫暖如春。

天黑了，寺之暮鼓響起。

講個佛窟惟則禪師的故事作結尾吧——

禪師結草庵，過著野果山泉的日子。

一樵夫問之：「禪師，您住這多久啦？」

禪師：「大概四十寒暑。」

樵夫：「只您一人在此修行嗎？」

禪師：「一人已嫌多，還要多人幹嘛！」

樵夫：「您沒有親人、朋友、師徒嗎？」

禪師：「我有山河大地、樹木花草、蟲魚鳥獸……」

【借宿人生】

以前，經濟不發達，旅店不多。許多人出行，夜幕降臨，多借宿人家，僧侶更是如此。借宿，我們自然會想到：此處非久留，只是借住，不是自己的，時時處處要謹慎小心對待，一聲再見後也許永遠不會再見。

凡塵俗世，娑婆世界，芸芸大眾，無非也是借宿人生。

這人生極其短暫，一來一去，一枯一榮，一生一死，只是生命長河中的一小段或一個點。有一些人，由於感知人生借宿，便對人生失去信心與希望，價值之旗因此倒塌，任由生命無序漂流，許多人因此撞上礁石，擱淺險灘，令人不勝唏噓扼腕。

因此，我們應面對現實，接受短暫，珍惜短暫，於短暫中作有意義的良善的增上創造，以有限創造無限，以易逝創造永恆，這才最重要。

曾經，四祖道信禪師有個老年俗家弟子，因仰慕道信、崇信佛法，要求道信為之剃度出家。道信禪師讓他來生再出家，因為，此生他年紀太大了。這俗家弟子一聽這話，便去找

▲明戴進《禪宗六代祖師像卷》中的道信（右二）與弘忍（左一）

到一位正在洗衣的姑娘——

俗家弟子：「姑娘，你家可否讓我借宿？」

洗衣姑娘：「我要回家一問父母。」

俗家弟子：「只要你答應就行。」

洗衣姑娘：「我可以。」

洗衣姑娘應聲剛落，俗家弟子便即刻坐化往生了。

來年，洗衣姑娘生下一個相貌莊嚴的小孩。各種因緣下，這小孩長大後出家為僧了，並深得四祖道信之器重，得其傳法，成為佛教禪宗第五祖，即弘忍禪師。

【第八場雪】

有一種顏色，我很喜歡；有一種世界，我很嚮往——那就是：雪白。

雪白的顏色，雪白的世界，純真，潔淨，清爽，靜美，良善，令人迷醉，令人崇仰。

兒時記憶中，冬天之臨，雪為標誌。無雪，沒有打過雪戰，滾過雪球，不算冬天。有時，還以陶器裝上林樹上的潔淨雪，作為燒涼茶之用。

年紀稍長，到省外都市就學，尤其之後，到了海外就學，就少了有關純粹的雪的記憶。

今年冬天，氣候原因，突降寒冷，尤其是高山地帶。在泰寧慶雲寺，現在下的，已經是第八場雪。

第八場雪的早上，推開柴扉，白中數點綠，綠中數點白，白綠相間，雪原、樹、冰凌，構成一幅隱遁、飄逸、絕塵、超脫的清明祥和世界。

慶雲寺主峰，一千七百多公尺。山高，原淨，天晴，風清，空氣柔，陽光軟。徜徉在山雪覆蓋的小徑，掬把草葉上的雪，輕輕一咬，身上溫潤，心中清涼。

於野外，同行們擔心我著寒，催著我往回走。遠看柴房，像雪原中一棵葉茂枝繁的樹，惟不同的是，柴房頂上起了淡淡炊煙。其實，半是炊煙，半是室內溫度產生的蒸汽。

回到柴房，圍坐爐旁，數片雪花從僧衣上抖落爐中，幸福感油然而生。這爐旁的世界，沒有嘈雜，何其簡單，又很溫暖，些許的煙嗆煙熏，於聖境中帶著塵世的溫馨，讓我彷彿回到了靈山的世界。

曾看禪宗的言語，有紅爐片雪句。有人以之喻生命之短，如宏德禪師的紅爐焰上片雪飛。而此時的我，卻覺得生命永恆，有多美好。

大慧宗杲禪師說得妙：「桶底脫時大地闊，命根斷處碧潭清；好將一點紅爐雪，散作人間照路燈。」

廓庵禪師說得也妙：「鞭索人牛盡屬空，碧天遼闊信難通；紅爐焰上爭融雪，到此方能合祖宗。」

山上的伙食清淡，午齋時，苦筍數片，豆腐幾塊，綠葉清湯一碗，木碗樸質，竹筷清新。臨齋前，硬朗木板的敲擊聲尚未遠逝，虔敬的經咒清誦聲又起。

齋後，沿著長長而又寬寬的木棧道，散步到尚未冠名的禪亭中，極目前方，雪山雲山，層層疊嶂，相攝相融，氣象萬千，動人心弦，感人心魄。旁之尚未冠名的聖湖，碧水清澈，倒映著周邊樹上的雪花與冰花。

悠然轉身，回眺慶雲寺主建築之大雄寶殿，殿前二匾各書：月來、雲起。題匾墨寶為我尊敬的師公、著名高僧圓瑛大師親筆，在陽光與雪光的映襯下，顯得特別光亮與清晰。

第八場雪，給我們帶來了一個別樣的泰寧慶雲寺，那麼，會有第九場雪嗎？或者，還需要第九場雪嗎？

【鐵樹與曇花】

初到某寺，大門前，有兩株大榕樹，葉茂枝繁，頗有參天之象。不想，近年，人事變遷，一次颱風，就將之連根拔起，擲倒在地。結果是，主人將之一段一段鋸作柴火料，而一般粗枝大葉則被扔進了垃圾場。

昨晚，與該寺一道友茶敘，他剛經歷一場水與火的歷練。道友說，當他看到衝天的火光，紛墜的樑柱，並脫身無路時，那一刻，他才真正體悟到：什麼是無常，乃至國土危脆。那

一刻，他說，他還要什麼？求什麼？有什麼都是負擔！甚至，是生命之累啊。

這讓我想起，有一年，上長城，同修引話說：長城還在，不見了秦始皇，也不見了他的萬世王朝。其實，秦始皇的長城也不在了。現今看到的，多是後建或後修的。

理義雖如此，現實卻不這般，因其有諸多幻象，迷惑著人們……

現實中，幾個人願拱手大長城以換小積木，除非，他是天真單純的孩童。但孩童般的大人，現在稀有了。

人的這種有企有求有期有待，使人不得不披著厚甲執著堅盾，佩劍攜戟，傷人或自傷，累人及累己。小時候，看人釣魚，歎魚之傻，有鉤的食還去咬，以致破肚裂腸，而今人何異於此。也因此，便有了許多被美麗地締造出來的夢幻中的故事。其情節起伏、情景浪漫、主角禮義、結局動人。待醒來時，卻只有沮喪，甚至痛哭，說那怎麼會是故事中的夢幻。

怪不得呢，網路上說：「別相信哥，哥只是個傳說。別相信姐，姐只是個故事。」那麼，是否可以這樣說：別相信一切有為法，一切有為法如夢幻泡影；別相信一切有為法，一切有為法如露亦如電。

與道友茶敘後，我到寺中的花圃。裡面有鐵樹，有曇花。據說，鐵樹千年才開花，這麼說來，它可以活上千年了。而曇花，我見過它的開及謝，才一會兒。在這花圃裡，它們生命的長與短真是相差懸殊，但從歷史時空中去探視，卻是那麼公平，它們都要開與謝，或者說皆要生與滅。

話無常，說虛幻，但對真諦，人們還是不息地去追尋。因為他們相信真諦的有常和永恆。他們總希望找到蓬勃的生命、返家的路以及終極的皈依處。就如喜鵲與憂雀的故事：喜鵲一家悠哉在巢中，問憂雀一家為何憂。憂雀答：「我飛，飛累了。」喜鵲說：「那就飛到

我巢一歇吧。」憂雀說：「我歇的該是我的窩啊。」憂雀便不歇，風雨中繼續倦飛，直至體力不支，墜入海底。

在有為法界，無常道理是那樣的天經地義，事實又是如此的千真萬確，念想之，實在殘酷：憂雀不得不以海底作為最後的皈依地，雖然不是牠的所願；榕樹雖也欲望，有朝一日成為榕王，但卻夭折了；樑柱也有可能橫豎千年，然後進入博物館，任憑參觀，或雕成聖像，接受香火，成為神聖之物，不料，竟然於水火交集中灰飛煙滅了。

【寄禪山水】

近期，寄禪山水。

在一個地方，有一方山水，山千青，水萬碧，高高的峰，一座一座，突兀於茫茫平原之上，長長的水，多少曲多少彎。穿行山水，多少去多少回。

山水之間，有一古剎，幾塊素磚，幾片素瓦，幾根素木，幾尊佛像，幾本經書，幾位僧人。早餐，油餅，油條，蓮子粥，豆漿。晚餐，黑米飯，羅漢菜，榨菜清湯。主事的老僧，好慈悲，好純樸，會念經，會持咒，卻看不懂字，他以最大的熱情來接待我這個來自遠方的客人，他甚至希望我給他推薦幾位讀過書的年輕僧人，以便有人接班。隱身其中，與之為友，身心輕鬆，我樂融融。

上午，老僧叫了小僧作陪，去作漂流，舟行山中，人行水中，山在水中，水在山中，山水相映，影影相疊。好一派靜謐的山水，因為有了人與舟，顯得更靈氣、更靈動。一路山一路水，一幕山一幕水，似乎，絕美景致沒有盡頭。隱於其中，我忽生是念——願我能老

死於斯。

前期，忙於雜事，身心俱疲。身心會疲，也許是我修持功力不夠吧。一身袈裟，卻如工頭，要忙於基建，又如掌櫃的，要應酬各等俗務。想想，也自覺有些難能可貴的幽默。而今，置身此間，山水都懶得來相問，身是身，心是心，身又是心，心又是身，身心俱融，身心相忘，身心俱失於山水之中。

回到古剎，老僧相問：「山水如何？」我說：「山水雖好，何如老僧。」他聽了很憨厚地笑了，說：「您客氣，您客氣。」

黃昏時節，踱步到寺後峰間，遠望青峰錯落有致，碧水逶迤而去。我想，佛門的千秋香火也一樣，無論我們是沉香，或檀香，或什麼香，都會一如既往地在紅火地延續，不會因為我們的火點大或小，香的濃或淡，而受到什麼影響。雖然如此，但我豈能因此不求作檀香，不求作沉香呢。正如山，不會因為山的高峻而不再成長，正如水，不會因為水的長勁而不再奔流。

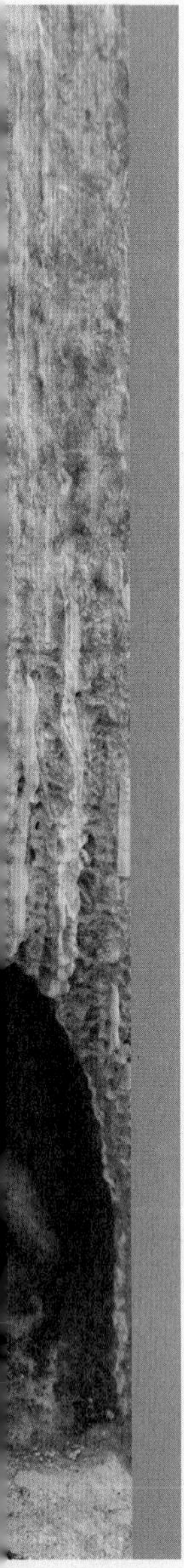

【近鄉情更怯】

近期，也不知進入幾月份了，天氣這麼炎熱。

禪家說：心靜自然涼。凡夫如我，談何心靜。

鄉友阿明，從業榕城（福州市別稱），幾次呼我舊時名，宛如當年那溪邊的老婆子。熱情如這天氣的他，說要集幾位在榕的鄉友，返鄉看看，尋尋舊跡，一聚南北西東。

為道莫還鄉，還鄉莫為道。馬祖禪師如是說。阿明的數度動員，讓我婉拒

▼福州老照片

於何忍。

記得，初次自松城（浙江海安）往榕城，倚仗班車，顛顛簸簸，七八小時。一路山，一路彎，一路水，一路曲，一如當時未來的前途。而今乘坐高鐵，行如風馳電掣，一個小時即可到達。

杜甫有詩曰：「白日放歌須縱酒，青春作伴好還鄉。」自初次離鄉，至今已近三十載。現在早已青春不再，更是無心縱酒與放歌了。路在變，車在變，故鄉的山水不變。濱海道上，依舊是宏闊的視野，前景浩瀚無邊。依舊是石奇峻、樹蒼老。依舊是山在水中、水在山中。依舊是濤聲激越、笛音纏綿。

家在閩山東復東啊，其中歲歲有花紅。而今再到花紅處啊，花在舊時紅處紅。唐朝懷浚禪師的示法詩《上歸州刺史代通狀》，到如今，我都未能悟透。但願此次回到閩山東復東時，會有些許的共鳴。

近鄉情更怯，不敢問來人。古人這麼說。

跨過古老的小拱橋，走進深深的小巷。那老宅旁的新竹，不知何時長出，她的搖曳是否因為舊時的風？凝望蒼苔古井，新水映舊人，不知新水知得否？舊人的模樣！舊人的容顏！

走到村頭街口，有山路，可登丘山；有水路，可舟海上；有公路，直達街市；有巷道，直通老宅。

還是神照本如上人說得好啊——處處逢歸路，頭頭達故鄉。

【走在半路上】

在這世界上，有山峰，有平原，有沼澤，有海洋。

在這些地理環境中，現成的路似曾未見。有的都是後人們走出來的，或開鑿出來的。有路，開出來多了，走出來多了，通過上面的人也就多了。有人走得順，有人走摔了。有的走得開心，有的走得憂愁。有的人走了還想走，也有人萌生了另闢蹊徑的念頭。也有的人因為分路多了，徘徊在十字街頭或三叉路口。

曾經，我們都很自信，當我們邁開步子，便收到了雖然些微卻是驚喜的成效。為此，我們很欣慰，也很驕傲，精神飽滿地堅信腳下的這條道路，會通向山頭，會通向岸邊，而且，無須用太長的時間，也無須用太多的精力。但事實似乎並不如此。

因此我們懷疑，是否路子錯了？是否方向錯了？是否路本來就不是路，方向本來就不是方向？但最終，我們的結論是：路子沒錯，方向沒錯。路就是路，方向就是方向。惟一的原因，我們要反省的是：信心夠了沒有！願心夠了沒有！行心夠了沒有！

因此，於某些時候，當我們感覺我們的路走錯了，以為我們又走到了三叉路口、十字街頭的時候，我們是否應想一想：不是我們路走錯了，不是我們方向選錯了，而是我們的信心不夠、願心不夠、行心不夠。

在這世上，當你一旦選擇了你要走的路，擇定了你要選的方向，便不會再有三叉路口！便不會再有十字街頭！

【從唐僧師徒說起】

早年，喜讀《西遊》《三國》《水滸》《紅樓》。從《西遊》中，感誠；從《三國》中，感義；從《水滸》中，感忠；從《紅樓》中，感情。

出家後，保留了對《西遊》的閱讀，有時，還將之對照《大唐西域記》閱看，從中看到的，不再僅僅有誠，還有義、忠、情。比如，唐僧對釋迦牟尼的誠，悟空等師兄弟對唐僧的忠，悟空沙僧八戒間的義，唐僧師徒對佛教四眾及其他人員的情。

唐僧師徒各有性格，留心分析，感覺特有意思。他們師徒，從其身上，各體現了一種思想、一種人生哲學。

唐僧是完完全全的佛教主義者。他講慈悲，講虔誠，循規蹈矩，以普度眾生為己任，有很強的使命感。

悟空似個墨家主義者，有俠士風範。他書雖讀不多，學問雖不大，但惟唐僧之命是從，可以為師尊赴湯蹈火，甚至殺身成仁，他不計較粗茶淡飯，不畏路遠坑深，不懼妖生魔出，他要的就是一個理字，一個義字，為這理這義，不惜千山萬水，上上下下，左衝右突，而興天下之利，除天下之害。甚至隱忍著巨大的被誤解、被誤會的委屈。這種若為理義，寧可粉身碎骨的豪俠之氣，令我感歎、崇敬。司馬遷曾這樣描述俠士風範：「其言必信，其行必果，已諾必誠，不愛其軀，赴士之厄困。」只是今天，這風範者已是鳳毛鱗角了。

關於俠士，有個非常感人的故事：俠士孟勝率眾弟子幫助陽城君守衛城池，兵敗。為此，孟勝決定自殺，以向陽城君有個交待。弟子徐弱知這事後，急勸孟勝，說，老師您若自殺，於兵敗無補，還使墨家思想斷絕於世。聽這勸，孟勝很嚴肅地回應道：「我與陽城君，如不算其師，也算其友，如不算其友，也算其臣，這次，我承諾要幫助他守住城池，卻兵敗了。這樣，我如果還苟且活著，那麼，墨家就會斷送在我手上，將來想請嚴師的，不會找墨家，想求賢友的，不會找墨家，想擇良臣的，也不會找墨家。」徐弱聽後很感動，豪氣頓生，說要為老師開闢死途，說完便自殺而死，隨後，孟勝也自殺了。不料，聽到孟勝自殺的消息後，孟勝的弟子也紛紛自殺，隨師而去，達八十三人之眾，豪氣干雲，驚天動地，至今，還震我胸襟。

沙僧像個儒士，做什麼都中庸。他既講忠孝仁義，也講仁、義、禮、智、信。做事誠懇，以德服人，君是君，臣是臣，師傅就是師傅，徒弟就是徒弟，定位清楚。他認真地履行著義務，卻很少要權利，他雖本事不大，卻很努力。

而八戒，如道家的老莊弟子。老莊講求自然，認為生於自然，死於自然，當然也活於自然，天真自然，講求清靜無為，無為而治。老莊中的部分人也因此認為，既然講求自然，就應隨順自然，想行樂時就及時行樂，為此，便鄙棄道德，只想作性情中人。像阮籍，有位美女夭亡，並不相識的他，卻跑去大哭一場。有家酒樓老闆娘是美人，阮籍知後，便天天到那裡喝酒，醉了，就借醉隨意在老闆娘身邊躺下。像陶淵明，天天是：「悠悠迷所留，酒中有真味。」那八戒雖本心良善，但是他能不為的就不去為。最好走得慢點，或不要走；想睡時，就睡睡；擔子能輕點的，最好輕點；能不去取經，最好別去；免得那麼辛苦。他愛吃，愛看美女，想喝酒。他隨興、隨意，歸於天真，順乎自然。從世俗角度看，很是可愛，卻又令人可氣。

佛教有種根機說，不同根機，各不相同，無論是在思想上、性格上、需求上、品質上。

◀宋人《柳陰高士圖》中的陶淵明

唐僧、悟空、沙僧、八戒，他們的根機各不同。比如他們的過去、出生就不同，成長的環境也不同。但是這並不妨礙他們信仰同一宗教，為了同一目標，走著同一條路。

這讓我想到，現實生活中，往往有一些人以性格不同，興趣不同，教育不同，沒有共同語言，或地位不同，階級不同，門不當戶不對作為理由，導致友不友，親不親的，這真令人感到有點遺憾與痛心。

我想，有差異才好互補，才會有新鮮與活力產生。再說，人是可以被薰陶與被培養的，差異本身也是可以被縮小的。因此，差異不是問題；根機不同，不是問題。問題與否，只在乎一心。一心佛，即佛；一心儒，便儒；一心道，便道。一心包容有佛儒道，便有了佛儒道。一心真理，便是真理。

【日落西方・日出東方】

泰山之巔，觀日出：日出東方。

泰山之巔，觀日落：日落西方。

登東山而小魯，登泰山而小天下。這是孔子的登山體驗。會當凌絕頂，一覽眾山小。表達的就是這樣一種境界吧。

孔子生於曲阜，死在曲阜，被稱為素王、至聖先師、萬世師表，為儒家創宗宗師，代表著中國的傳統文化，亦為東方精神文明的象徵之一。當然，同為東方精神文明象徵的還有釋家與道家。

在東方精神文明潤澤下的亞洲，近年來，風水輪流轉，開始風生水起，不僅政局相對穩定，經濟也得到較快的發展。中國如此，印度如此，越南也如此。

反觀西方，西方精神文明籠罩下的英法德及美國，原被稱為紳士國家，而今，紳士不紳。原為經濟發展的強國，而今卻有點強弩之末的味道。

二〇一一年八月，美國發生財政危機，信用評等被下調，經濟處於崩潰的邊緣；英國倫敦一系列社會騷亂，死的死，傷的傷，被捕的被捕，燒的燒，砸的砸，搶的搶，其慘烈場面，猶如經歷一場戰爭。至於騷亂者，不僅有窮人，更有富人子弟；德國柏林焚車事件，幾天來，已有逾六十七輛車於街頭被燒毀，以致人心惶惶，擔心倫敦的騷亂事件將在柏林重演。

針對美、英、德的近期事件，一些專家將原因歸之經濟問題。在我看來，關鍵原因不是經濟而是文化，而是道德，亦即西方精神文明出了問題。英國首相卡麥隆（David Cameron）十五日的演說也說明了這一點，他認為連續四天的騷亂，歸咎於「不負責任、自私自利、欠缺父母管教、缺乏學校紀律、無功受祿、不負責任卻享有權利」，為此，卡麥隆發誓，要率領政府打一場對抗「道德淪喪」之戰。

歷來，先知們都認為：社會是需要先進文化支撐的，人是需要純淨道德支撐的，文化與道德是人類社會的靈魂，缺了這樣的靈魂，或靈魂出現了問題，社會與人類也就必然要出問題。為此，當我們探尋悲劇深層原因時，豈能避開文化與道德領域，而只在純粹的經濟領域找死胡同。

本來，東西方精神文明各有優勢，但佛教是講對機的。同一種文明，不同時機，其正面功能與負面功能發揮的就各不同，效力效應也各不同，因為對應的時空不同了。西方精神文明在今天，未必適應西方了。但今天的西方精神文明適應東方嗎？天知道。反之，今天的東方精神文明正在西漸，是否適應西方，自有繼往開來的歷史見證。

中國學與印度學的大師季羨林老先生著有《三十年河東，三十年河西》，其結論：東方在崛起，西方在衰敗。對此，我深有同感。

自然界是個很有智慧的哲學家，在我們還在苦心探求答案的時候，他早已把答案示現給我們：

泰山之巔，觀日出：日出東方。

泰山之巔，觀日落：日落西方。

【去留自便】

歷史上的中國禪者，僧的，我特別欽佩慧能，俗的，則是傅翕。

這傅大士有一偈，未出家時，便令我癡迷。偈曰：「空手把鋤頭，步行騎水牛；人從橋上走，橋流水不流。」當時，不是因為識得這偈中韻味，只是，描寫的場景有如我在鄉間的感覺。

有次，傅大士捕魚，捕到後，又將裝魚的籠子沉入水中，他同鄉見到後，勸說：「這樣魚會逃掉的。」

傅大士則答：「去留自便。」

是呀，人生的自在，就在於去留自便。魚留

▼ 明戴進《禪宗六代祖師像卷》中的慧能

則留，魚去則去，去不挽，來不拒，做事如此，生活如此。

有聯曰：「寵辱不驚，看庭前花開花落；去留無意，望天上雲卷雲舒。」這聯表達的，也是這麼一種人生情懷與境界吧。

不過，要達到這種情懷與境界，是要經過一定過程的修煉的，非那麼輕而易舉。禪者慧能如此，傅大士也如此。

曾經，有僧迷路偶遇大梅法常禪師結庵深山而居，就問之：「您在這住多久啦？」

大梅答：「只見山，青了黃，黃了青。」

僧又問：「出山的路在哪？」

大梅答：「隨流去。」

這大梅，因結庵的居所已被人知，便遷居大山更深處。

大梅禪師示寂前，留偈八個字：「來莫可抑，往莫可追。」

大梅禪師的這種一任花開花落、雲卷雲舒，一任東南西北、春夏春冬的修為，令我崇仰。

只是不知，今天，還有幾人能學到這些呢？

當然，也有不是這樣的古代禪師，比如隱峰禪師。

有一天，隱峰禪師推著土車，恰逢馬祖禪師橫腿路上曬太陽。他便請馬祖把腳收起，讓個路。

馬祖卻說：「已展不收。」

隱峰也不讓，便道：「已進不退。」

兩禪師相持不下，最後，隱峰推著車子直直地從馬祖腿上輾了過去。

被輾的馬祖回寺提了斧頭就朝隱峰衝過去，隱峰卻將脖子伸長長的湊到馬祖前。見此，馬祖放下斧頭，哈哈大笑。

這隱峰的修為，也是很了得的。禪史記載：他示寂前，問弟子，見過坐著、躺著、站著圓寂的禪師沒有，得到肯定的答覆時，又問弟子，那見過倒立著圓寂的禪師沒有，弟子們答沒有見過。他說，那就讓你們見一見，說完便倒立往生。

在這，隱峰禪師還有馬祖禪師，似不那麼相應於雲卷雲舒、花開花落了。而是：已展不收、已進不退。但他們照樣可以做到去留自便、生死自如。

同樣，今天，又有幾人能學到這些呢？

【把握與活在自己的當下】

在可倫坡四年多，很懷念那段悠閒又緊張、平靜又活躍的日子。一到假期，要麼看海，要麼看山，間或讀書寫作，真是平生想過的生活方式。

可倫坡的海，真的很藍；沙，很白；海濱，很美。由於南亞氣候原因，那成片的綠油油椰林，加上懸掛著的金黃椰子，望了，就讓人眼生清涼，口生津。

這些椰林中，有些地方往往藏著幾間土土的房子，多當地民族風格，你若好奇走入，就會發現，原來是禪修中心，或叫靜坐中心。

當然，如果你有心到山林的地方，你會看到，有關禪的設施就更多了。

蘭卡禪坐方式，與中國有所差異。因係原始佛教重鎮，蘭卡禪修重呼吸法、不淨觀法、白骨觀法等。漢傳的參話頭、起疑情等，在此似乎未教過。不過，有一點卻是相同的，都講究禪坐時要駐心一處、制心一處，非禪坐時要把握當下、活在當下。

相較於駐心一處、制心一處，這把握當下、活在當下更有現實意義，具有寬闊的運用天

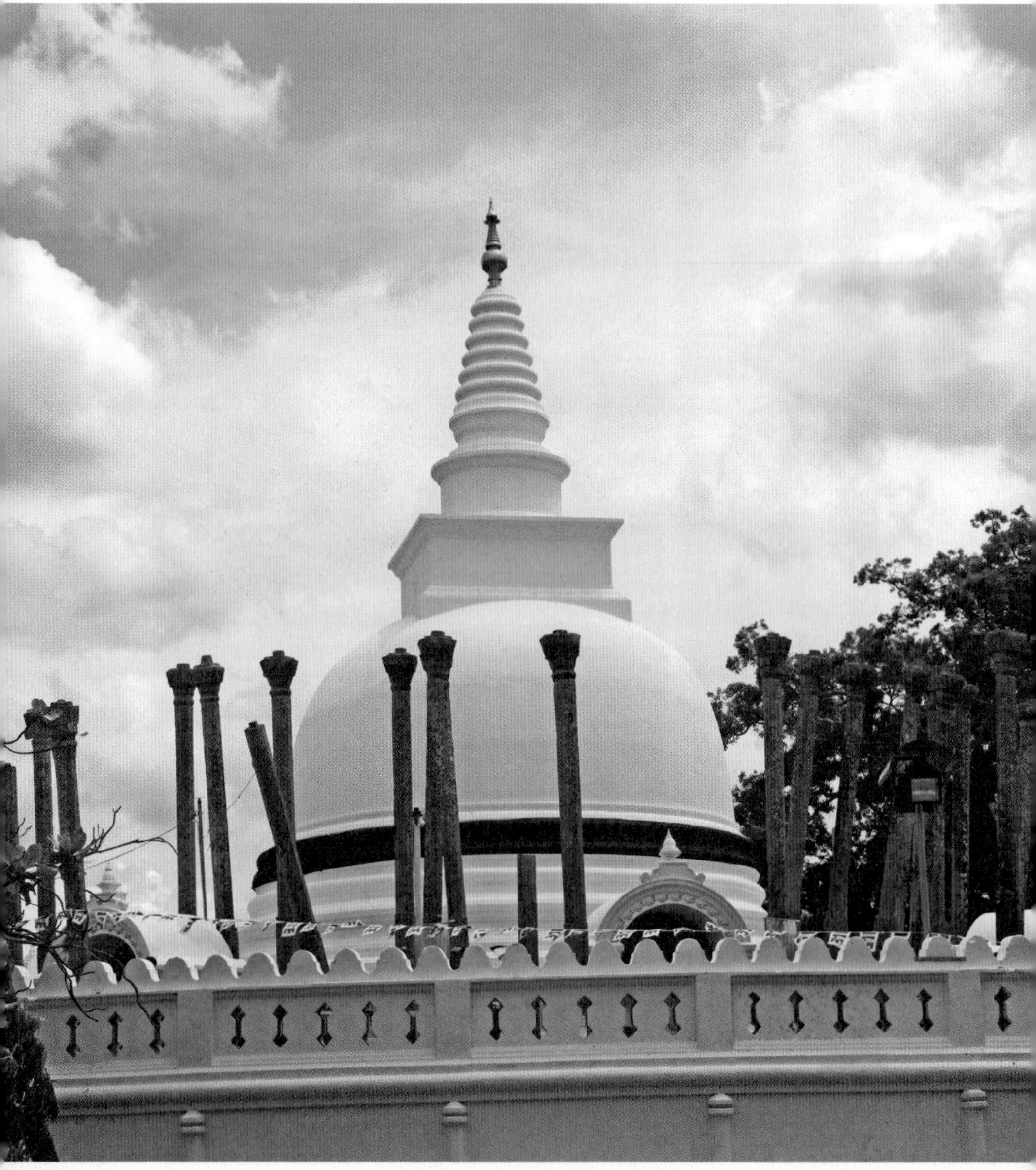

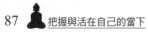

地。畢竟，多數人無法天天禪坐一處，更多的人是忙於學習、工作、生活、家庭、宗教等事業中。

什麼叫把握當下，活在當下？

佛教有句話：過去的過去，未來的未來，現在的現在。現在的現在，所以，要把握現在，活在現在。

這現在，就是我們說的當下了。

聽說過老婦殺子求子的故事嗎？話說一老婦，為添一子，請教某人有何辦法。某人告訴她，殺現子去祭天，天便會賜予。於是，她便殺了現有的兒子祭天。以一子換一子，不就還是一子嗎？更何況，那老婦終未得天之賜。這樣一來，新子未得，已有的兒子又失去，終至孤苦而亡。這就是未能把握當下、活在當下的苦果啊。

還有個故事，講一學僧對智常上人的修持方法與生活方式，這也看不慣那也看不慣，還提醒上人，說上人太粗俗。上人問他，粗俗在哪，你何時看見啦。學僧答：當下。上人說：你當下不看自己，不看自己當下，看我幹什麼！學僧語塞，便省悟。

對呀，要把握與活在自己的當下，不要把握與活在他人的當下嘛。

【行路夜雨中】

昨天，下了豪雨。

回寺路上，路滑。業障原因，不小心，看差腳下，踏進一個小水坑。腳拐了。搓揉半天，才回到活動自如。看來，外傷是需一周半月才能好了。

到辦公室，坐下，我靜靜地想一想。都怪我自己，走路不看路，看路不認真。這麼雨的天，這麼黑的夜晚，路上多複雜啊，什麼情況都可能存在。還好，只是一個小水坑，不然，定是要摔成內傷。

不過，再一想，既是路，就不可能都是平坦的。路，有窄窄路，有不平路，有斷橋路，有盤山路，有懸崖路……有人為的、天然的、無奈的……如果，我們時時處處在意之，盯著看，豈不太累？為此，行路人還是平常心點好，樂觀點好，要跳就跳，要跑就跑，要走就走。如果，石要砸頭，隨之去。天花要如雨灑您，也隨他去。人生雖將形化，但總不會永消於無形。生命長河中，必有未來的再生與希望。

聽說，明天與後天，都會是豪雨天。看來，我雖無需小心，但最好還是別去走雨天夜晚的路了。

順便，也提醒同修們吧。

【行禪與行腳】

六祖慧能高足永嘉玄覺禪師曾說：「行亦禪，坐亦禪，語默動靜體安然。」

因此，體驗與體證禪，進入禪定的方法，不單坐，還有行。不單可以坐禪，還可以行禪。

看來，坐雖妙，行也妙啊。

中國古人說：「行萬里路，讀萬卷書。」

古代高僧也非常強調行對我們修學的妙用。

禪堂之中，坐一定時間後，便要起來行，在禪堂之內，一圈一圈地繞行。

雲水行腳，朝山訪師，這是僧人的必修課。

據說，古代僧人行經江西、湖北等，便有走江湖之說。

禪法，在行之中，將得到很深切的體驗與體證。如果沒有行，沒有把自己置身於各式各樣的大自然、大社會、大人生中，那麼，「溪聲盡是廣長舌，山色無非清淨身」，「青青翠竹皆是法身，鬱鬱黃花無非般若」，就無法得到真切的感受了。

我總認為，行腳之中，好修戒定慧，好行聞思修，好息貪嗔癡。因為，大行腳就是大磨難，就是大考驗。就因此，有了大心胸、大眼界、大知足、大放下、大淡定、大自在、大超脫，從而大解脫。

那玄奘大師之西行，那法顯大師之南行，那鑒真大師之東行，無不就是傑出的大行腳實踐之典範。

當然，行或行腳，並非就是行禪。行禪的關鍵在於行或行腳中，要于任何時空中具有禪心，這是行腳變行禪的根本與基礎。

行文至此，就以拙詩〈孤僧萬里行〉作為結尾吧：

一缽千家飯，孤僧萬里行。行腳在混沌朦朧的婆娑世界，我緣已定。

那萬里長空，煙雲千重。那禪心如盾，袈裟如風。還有那，清晰分明的行者腳印，由你讀懂。

【回到泰寧慶雲寺】

早早的，趕路，回到慶雲寺。

慶雲寺在峨嵋峰，峨嵋峰在彌勒山，彌勒山在泰寧。

泰寧，這座精巧優雅的歷史文化名城，隔河兩狀元，一門四進士，一巷九舉人。時光流轉，今天，她又被冠稱世界自然遺產地，全國十大魅力名鎮，境內，有世界地質公園，國家４Ａ級風景名勝區。

我與泰寧結緣，因於佛教，緣自佛教中的慈航大師。大師一生，許多時間雖棲在外，但源頭卻在泰寧，泰寧的彌勒山，彌勒山上的峨嵋峰，峨嵋峰中的慶雲寺。

峨嵋峰是彌勒山的主峰，因狀如四川峨嵋山巔峰而得名，海拔高度一千七百三十二公尺，為福建省內第二高峰。彌勒山為福建的母親河——閩江之源，山中多個山峰狀若彌勒，因而得名。

慶雲寺原名峨嵋庵，始建於宋代，為泰寧著名狀元鄒應龍祖先捐地而建。位於狀如坐姿彌勒的峨嵋峰中一開闊窩地，後倚主峰，背靠天然太師椅山體，左青龍，右白虎。主體建築安座於太師椅中稍隆起宛如彌勒肚的山坡上，面臨天然清澈的聖湖，前瞻雙重筆架山。寺之左青龍，原始森林覆蓋，老幹拙新枝，鬱鬱蔥蔥，無限生機。寺之右白虎，有數百棵百年以上山茶花，多已結仔，碩果累累。寺之聖湖邊，是大面積的天然草坪，沿著寺前的山坡

展延而去，間以老樹與造型各異的天然盤景石，直至那蜿蜒的山中公路。沿路外去，直通那保存完好的山中沼澤濕地，佈滿大小水潭近百個；直通那原始草甸，密而濃，山中大型的鳥兒，時不時步行其上；路之兩旁，野花與珍稀植物遍佈。沿路下山，直通至彌勒山下及縣城，路邊是老樹、蒼岩、懸崖、十萬畝竹海、流泉、野禽，還有小小的村莊、淡淡的炊煙。聖湖下，有古壩、清流、卵石、深谷，以及百米三級瀑布飛流而下的轟鳴回聲。寺後，山既雄渾，峰亦壯美，登上巔峰，觀八百里閩水贛山，有時佛光交錯彩虹，有時千里晴空交錯，陽光萬里。

日已居中，影兒不見，從木屋中徜徉出來。那時，風輕輕、陽光柔柔。腳踏曲曲彎彎百年古石小路，盡頭是蒼老的牆，也該有幾個世紀了吧。於牆角，隨手可從老石頭牆縫裡長出的老茶樹上摘到上等的茶葉。記載說，寺裡古代就有著名的茶園。牆的中間，有扇簡易的柴門通向寺院的某座殿堂。曾經，該殿堂無名，自從請來了慈航大師聖像，便有了洪名：慈航菩薩紀念堂。據記載，慈航大師十七歲時就剃度出家於此，恩師為當時的住持自忠和尚。大師徒孫優曇長老，亦剃度出家於此，接引渡化他的是大師的高足宗教法師，法師當時在此駐錫弘法。

慈航大師身棲大陸數十年，緬甸四年，馬來西亞三年，新加坡四年，臺灣六年。學承太虛大師，法接圓瑛大師。三度閉關，六年閱藏。專於唯識學，修持彌勒法門。在太虛大師提出的人生佛教思想基礎上，革命性地宣導人間佛教理念，創辦《人間佛教》月刊，以文化、教育、慈善為著力點，致力推動實踐人間佛教精神。為臺灣佛教院校教育之先驅，並成就臺灣首尊肉身菩薩，人稱慈航菩薩。佛教界相信他是彌勒應世、玄奘再來。大師生前遺願：因緣成熟時，回歸祖庭。二〇〇七年九月，大師肉身舍利分身，在三百多位海峽兩岸高僧大德的護送下，自臺灣汐止跨海直航回閩，回歸慶雲寺祖庭，另有港澳及國外的近百位四眾弟子前

來共襄盛舉。當時，大師分身的安座法會，就在該紀念堂舉行。

慈航菩薩紀念堂左側的小木屋，是寺院的齋堂。有時，村裡的牛來此悠閒，用牛角順便支開木屋柴門，把我們於寺內自種的剛摘取回來的有機青菜甚至豆腐食個乾淨，然後，大搖大擺地離去。這些牛，口渴時，還到屋外水龍頭下的水桶裡喝點水。牛是有主的，偶爾，也有無主的猴子來紀念堂前我們居住的木屋窗外作客，有次，放在窗外的西瓜與餅乾，被牠們無心地借用了。不過，也有我們擔心的不速之客，前一陣子，下了大雪，於雪中，我們竟然發現一路而去的華南虎爪印，誰知道，天籟和詠的夜晚，老虎會不會造訪我們呢？畢竟伏虎的經驗我們尚未有過。

早些時候，為了建設規劃，連續住了幾個晚上，夜深人靜，夜朗星明，天高星低，空氣清新。偶爾的蟲鳴鳥

▶慈航菩薩肉身聖象

叫外，彷彿可聽見樹與草生長的聲音，花開的聲音，野果墜地的聲音，以及野菇破土的聲音。而似乎，動物百靈卻沉沉地酣睡著了，沒有了聲響。清晰的是，寺院老僧早起自修，小木魚的脆聲從紀念堂自上而下，悠遠而來，飄浮著向空中與山間瀰漫而去。這種人、動物、植物、山、水……甚至靈性之物之間的諧和，使我忘卻自己還在俗世。如果不是福州的芝山與羅山還有法務需要盡力費時，我真想長棲於此。

由於慈航大師分身的回歸，有關慶雲寺靈異的事蹟，也就時有耳聞。慢慢地，來寺的信男信女多了。加上景致無限好，好旅遊、探險、休閒的人士也來得頻繁了。這給我們增添了壓力，因為，我得進一步加快寺院基建的進度了。在平整大雄寶殿地基時，很令人驚異地翻出了一些類似水晶式的礦石，不知是否就是水晶。我相信風水，地有氣，水有韻，山水有精神，一條龍必有點睛之處，翻出水晶礦的地方正是在山型之彌勒佛肚臍眼處，為此，我們不敢貿然再平整，便將之就地深埋，相信其之出現必有深機或玄機。

由於天象和季象的多變，慶雲寺、峨嵋峰、彌勒山形成了多樣的氣候和豐富的景觀。這裡，再熱的季節也清涼，整年在自然條件下都要蓋棉被方可夜不受凍，是避暑的好去處。由於地處高山，整年沒有蚊子，也許是慈航菩薩怕弟子們對咬人的蚊子起嗔心，便令之不生或遠去。秋天到了，滿山的黃葉，與金色的陽光爭艷。冬天裡，希望有一把永不熄滅的火，溫暖地凍天寒，融化沉冰積雪。不久前，已是冬天過後，冰、雪卻沒有商量地襲來，幾天過後，彌勒山間，冰棒條條，雪糕片片，草偃、竹倒、樹折。但也有奇跡出現，當時峨嵋峰上，慶雲寺周圍數里，卻草不偃、竹不倒、樹不折，也不見冰棒條條，雪糕片片，雨下來，滲到土裡去了，雪下來，化到土裡去了，無所受災，見者無不嘖嘖稱奇。有人說，那是地理環境原因使然。更有人，再一次把這靈異奇跡與慈航菩薩的不可思議感應聯繫起來。

太陽下山，夜正降臨，月亮出來了。明天就是十五，十五的月亮十六圓。但我想，十四的月亮也缺不到哪裡去。半夜，起來看皓月行空，銀輝撒地，毫無睡意。又是早早地登山，上到峨嵋峰頂，暢觀日出，但見日升東方，金光萬千，祥雲滿天，悠悠閑閑，山下的慶雲寺，也被輝映得透亮透亮。觀好日出，下得山來，踱步在聖湖之畔，湖水冰冰，湖水清清，於湖畔老樹下一塊石頭上靜坐下來，探尋前世、今生與未來，沒有睜開的眼睛探視到的是聖湖水中之人、太陽、樹以及魚與水草的清影。

【讀書與讀書的態度】

我在社會學校待了十年，在佛教院校也待了十年，看到讀書人尤其學生、學僧，特感親切。

本來，佛教無關「讀書」。因為人的「智慧」不從「讀書」中來，你看慧能。不過，這世界有幾個「慧能」？有幾個能「不立文字」？有幾個能「不著佛求，不著法求，不著僧求」？像古代有的禪師講經，上臺、醒木一拍案，下臺去了，幾個能懂，幾個能明白？

畢竟，我們多數是凡夫，「智慧」不夠。不夠，就要「知識」補充。要積累「知識」，就得讀書。讀書了，才能

三十三祖慧能大師

豐富經驗，增加能力，提高素質。

古人論讀書，很有意思：

宋真宗趙恒《勸學詩》：「富家不用買良田，書中自有千鍾粟；安居不用架高堂，書中自有黃金屋。」

說得有道理吧？

《神童詩》：「天子重英豪，文章教爾曹。萬般皆下品，惟有讀書高。」

說得好，但有點偏頗。

孟子的說法：「飽食、暖衣，逸局而無教，則近於禽獸。」

說得過癮，但過頭了。

我這半生，關於讀書，信奉三條：行萬里路，讀萬卷書；養心莫若寡欲，至樂無如讀書；讀好書，寫好字，爭取作好文，當好人，做好事，爭取好往生。

讀書的意義，大家比我懂，不班門弄斧；怎麼讀書，也不敢關公面前耍大刀。

只與大家於此交流一下讀書的態度問題。做什麼，都須別人同意，唯拿什麼態度，只要自己同意即可。持什麼態度，之於讀書很重要。

我認為，我們要有這樣的四種態度——四種人生：

第一種態度：即四學，生活中學，工作中學，修行中學，自然中學。人生、社會、世界、信仰的宗教，是一本大書，要從這無字大書中讀。書本只是其中一本，不是書的全部，如只在書本，便成書呆子了。

第二種態度：即四大，要大心胸、大志向、大格局、大境界。大心胸才會煩惱無盡誓願斷；大志向才會眾生無邊誓願度；大格局才會法門無量誓願學；大境界才會佛道無上誓願成。

具備這四大，才有大氣魄、大氣勢、大氣度。有此四大，才不致拘於芝麻蒜皮之小事，才會站得高看得遠。

第三種態度：即四新，要及時認清變革新形勢；及時武裝時代新觀念；及時接受進步新思想；及時適應先進新文明。

就說從錄音弘法到錄影弘法，從博客弘法到微博弘法，從走路到騎馬到坐車到坐飛機，這就是適應先進新文明的過程。這樣，才能站上時代的潮頭，才能不被時代的潮水淹沒，才能既保持傳統，又不斷創新。

第四種態度：即四實。要老老實實、踏踏實實、實實在在、確確實實。板凳要坐十年冷，文章不寫一句空。讀書啊，是蝸牛殼裡跳舞，要真功夫，不能弄虛，要務實，要認認真真，腳踏實地，要聯繫實際，重於實踐，梅花只從苦寒來，只有功到才可自然成。如果沒有這「四實」，前邊講的「四學」、「四大」、「四新」，就落不到實處，就沒有了落腳點。

我本一書僧，更是書呆子，我說這些，僅供大家一笑。祝大家，生命不息，讀書不止。學習學習再學習，提升提升再提升。

【給我棒喝】

禪，給人的印象是：定、靜、柔、和……

但禪門，在禪法上，給人的感覺卻又是動與烈的。不是棒，就是喝，不是打，就是罵。

似乎有些矛盾。

矛盾，就是禪法的一種特質。

禪，以動取定，以烈取柔。其實質還是要以柔制烈，以定制動。試想，無論何人，心存何種妄念，在沒有任何心理準備的情況下，突然被人一棒或一喝，會怎樣？當然是：頓時蒙了，頓時愣了，頓時沒了妄念，因為，妄念被一棒或一喝轟到爪哇國去了。這正符合禪宗之不假思考、不立文字、言語道斷、頓悟而明心見性、頓悟而還其本來面目的特點。

禪史上，棒得最有名的是德山宣鑒禪師。有一次，一僧人來見他，剛跪下準備給他頂禮，禪師一下子就一棒子打過去。僧人急呼：「禪師，我的見面禮還沒行，你就打，我的見面話還沒講，你就打，這怎麼行呢？」禪師回應：「等你行了禮，講了話，再打，就來不及了。」

義玄曾說，他在黃檗禪師處，就三度發問，三度被打。

喝，有名的，當數臨濟禪師了。有一次，臨濟義玄禪師問一僧人：「有時一喝如金剛王寶劍，有時一喝如踞地金毛獅子，有時一喝如探竿影草，有時一喝不作一喝用，你明白嗎？」那僧人正要回答，義玄禪師便是震威一喝，如獅子咆哮。那僧人還沒明白過來，臨濟又下一重喝。

當年，百丈懷海禪師更被馬祖道一禪師一喝，三日耳聾。

古人形容以上二禪師的棒喝為：德山棒、臨濟喝。又說：德山棒如雨，臨濟喝如雷。道得三十棒，道不得也三十棒。喝得喝，喝不得也喝。

三十八世德山宣鑑禪師

俗話說：「嚴師出高徒，嚴父出孝子。」禪門的棒喝之下，成就了許多的高僧、大禪師。許多學人因此醒了，轉迷成悟，轉凡成聖。

今天，佛門也罷，禪門也罷，應用棒喝禪法的禪師少了，經得起棒喝的學人也少了。

我本禪門一衲子，雖我根機淺薄，但我沒有理由不接受雷霆貫耳、醍醐灌頂，於生命進程中，我時刻需要棒喝交馳、當頭一棒。

【盼著雨過天晴】

佛教說：眾緣和合。

近來，雨大雨小，一直不停。江河因之豐潤，甚至臃腫。看著水中濁色與渣滓，很是揪心。盼著雨過天晴，即便灰雲遮日，也總比這好。

剛才，送走來自災區的友人，我獨自行車江濱，坐著。想到詩人詠贊的雨水，怎麼一不小心就成了詩人感傷的洪水，甚是感慨。由此，又擔憂起泰寧山上的慶雲寺來。山上的僧眾來消息說：山下的路多處大塌方，有橋被沖垮。還好，上山的路，因離寺近，也因於地勢高，損壞尚小。但覆巢之下，也非十日或一月可以通車的。

由於山體滑坡，電線杆倒了，山上供電成問題。燈不亮了。手機、電話不通了。派人上山察看。感謝佛菩薩，山上人員與寺院一切安好。只是一如曾經的雪災時期，基建是必需暫停了。食物等則由人扛著進山，節省著使用。僧眾說，稀飯就花生米，不錯了。他說，如有鹹菜，就更好了。我聽了，鼻子酸酸的。雖然，僧人當清貧修道，但我還是因此覺得難過與愧疚。

想想，福州真是有福，受洪水傷害不大。看著從上游流下來的洪水，就覺得是從三明、南平那邊下來的。我想，此中哪縷，也許是出自泰寧慶雲寺腳下。按理說，此水該是柔順的、溫和的，怎會如此滔滔洶湧？

也許，這就是佛教所說的共業所感了！

記得，上午災區友人來時，似有一絲陽光出來。我以為，天快晴了。可是，沒有，還早著呢。望著現在的天，還是雨簾雨幕拉著，不知幾重。天，好像真的哭了。

江濱坐會兒後，我默然回走，心裡空落落的，幾許不安，幾許憂愁，或許，還有幾多的疼痛。一場洪水，幾多人一生的經營，包括生命，甚至信念，就這麼一下子意料之外地去了，人類怎不酸楚？

於此時節，我能做些什麼呢？除了祈禱，除了不能失去信念，除了堅信未來，除了耐心等待，除了不墜希望，盼著雨早點過去，盼著天早點晴來，我還能做些什麼呢！

【生來就是流浪者】

不再年輕，總覺時間過得太快。不在意間，或者說，匆忙間，一年又過去了，又一春，已經來臨。忘卻去年，邁著新春的腳步，我感覺，雖腳步還有些沉重，但心中已然歡快。

忙過正月最忙的時間，應同行之邀，客居異寺。那是一處尚是雞犬相聞的鄉野，青峰環列，曲水流輕，數葉扁舟泊岸，數位老翁悠緩獨行。春陽泛著柔光，暖熱的天氣中，透著清涼。山寺建在一座小山包上，間以菩提樹、椰子樹，種著香蕉林、甘蔗林。傍晚時分，走在山間小徑，好風輕拂，嬉鳥相鳴，有種進入南山桃源之感。

也許，命定流浪。自從懂事以來，學習流浪，工作也流浪，生活流浪，修行還流浪。而今，流浪成了學習，成了工作，成了生活，成了修行，也成了習慣，並由習慣到了喜歡。我喜歡流浪！

從山間走回山寺，同行已經備好素齋。清蔬若干，土豆、淮山、蘿蔔數粒或謂數片，竹蓀和豆腐清湯幾許。據同行宣言，皆種自山寺的周邊，說不信，可帶我親自去察看，謂之原生態、無公害、天天然然的健康有機食品。還有各種熱帶水果，新鮮之外，琳琅滿目，使我不得不告知同行，這讓我食與飲之貪念頓生，貪心頓起，直至食飽飲足，胃沉肚脹，方才甘休。餐訖，弦月已起，天朗氣清。朗潤清輝下，與同行亭閣之中，壇經一卷，爐香一炷，說法論道，悲天憫人，咖啡濃，茗茶清，直到凌晨十二點的時鐘敲響。

流浪，對於僧家來說，是個傳統。玄奘從絲綢之路，流浪到印度；法顯從印度流浪到斯里蘭卡；鑒真跨過海與洋，流浪到日本。流浪，讓他們成就了道業，也讓後人以新的視野看待流浪，以新的角度審視流浪者。

清早，晨曦微露，踱步山寺廊前，極目四野，澄澈無極。寺側有蓮池，蕾正綻花。俄爾，不知怎的，有霧起至山腳，數株翠樹宛若長於浮雲之上。晨鐘清脆，清揚而悠遠中，叩醒滿山的生靈。

我常想，有人身流浪，心不流浪；有人心流浪，身不流浪；有人身流浪，心也流浪；而有人，身不流浪，心也不流浪。我生來就是流浪者，那麼，我是居於其中的哪一類呢？

辭別同行，回寺路上，鄉間野趣，綿延不絕。經一渡口，獨廬數間，有稚童歌吟：不是花仙，仙花滿園，不在仙山，仙香滿室。有人預言：新的一年，二〇一二，世界將禍端大啟，我想，聽稚童歌吟，二〇一二，新的一年，世界該是福門大開啊！

【靜水清清小魚游】

元宵，終於過去。

熱鬧的節慶有如熱鬧的心，熱鬧的身漸漸平靜下來。

忙過一天，夜幕披掛天空，幾粒星，忽閃忽滅。

關掉手機，盤腿禪榻——禪床，我又開始一場針對呼吸的征戰——靜定。呼吸，是生命的象徵，短促的呼吸，給人生命短促的印象，長綿的呼吸，則給人生命長綿的感覺。

我把注意力放在呼吸上。嘴長呼，鼻長吸。呼時，去感受唇的振動，吸時，去感受鼻的翕動。這種呼吸不純是呼吸，是一種節奏，是一種律動，是一種生命的存在與延伸。呼與吸的延續與遞進，其律動與節奏擴展感染到內臟與全身，直至使心念、心智、心力專注而集中。

心念、心智、心力的專注而集中，並不意謂著我此刻沒有了知覺，有如一塊石頭、木頭。其實，我在嘗試著以眼觀呼吸，以耳聞呼吸，以鼻嗅呼吸，以舌嘗呼吸，以身觸呼吸，以意想呼吸，試圖察知呼吸的生命現象與本質，從中感受其色、聲、香、味……

通過察知與感受，我覺受呼吸之流連動著意識之流、五蘊之流、生命之流。隨著覺受的深度深入，這時，生理、心理、精神，如呼吸一樣，只是一種遷流而已，這猶如流星的劃過天空，瀑布的由上而下，海水的前浪與後浪，以及彩練的不息舞動而起動的風。

覺受的產生，使我的身心似分離，又似融於一體。但無論是何種答案，身心已經專注於一境了。這時，我感受到了身心的變化，出現了內在的光點、光線、光流、光面。好像清清靜水中，有小魚在游，可以透視心的活動與身的運動。似乎星星、月亮、太陽、山嶽、河海，就在身心中閃動。這使身與心、與天、與地，似乎難於分出彼此了。此時，我似乎覺得呼吸流停止了，意識、五蘊、生命忽然定格了，止息了生滅。禪悅由此產生，幾乎噴發。

當我收回呼吸，重新感受生滅遷流，亦可謂出了靜定時，我感受到了身的平衡，心的和諧，身心的統一。

【從海拉爾到額爾古納】

初次到海拉爾與額爾古納。她們給我的第一印象：非常的海拉爾，非常的額爾古納。天地之中，有日與月。這兩小城就如草原上的兩顆星。星間有距，一條金線連起。

從海拉爾到額爾古納，數百里。一路上，頭頂的是藍天白雲；伴的是綠水綠草青山青樹；蒙古包是草原姑娘頂冠上的珠飾；而牛羊馬，是草原大爺大媽的兒孫；那湖，是草原小孩清清澈澈的眼；那河，是草原小夥子腰間纏繞浪漫隱祕的絲帶。我們的車與人，奔馳在草原，就如一首正在彈奏的音樂，或激昂，或舒緩，或清虛，或遠淡。行至半途，忽逢甘雨，洗潤的草原，碧上碧，綠上綠，青上青，白上白，好一派潔淨，好一派生機。途中停車留影，袈裟如風，那萬綠叢中的一點黃，寫著初秋的點點收穫與喜慶。

猶令我感動的是，那羊，那牛，那馬，牠們是那麼的自由自在、無憂無慮。牠們在草原上，悠閒飄逸瀟脫淡定地走著、臥著、看著，吃著草、飲著水。有的還與犢兒相嬉，其樂融融。在這兒，沒有獵犬、沒有獵人、沒有箭、沒有弓，也沒有牧者的鞭子。

如果，你不相信——這世上有著真善美，那麼，你可以從海拉爾到額爾古納。當你走過了，你對這世上的看法就會有所改變。

願我的生命中，永遠擁有海拉爾，永遠擁有額爾古納。

【我還是我．你就是你】

近日，一趟回鄉。有同學，二十餘載未見。一見之下，幾乎互不敢認，都覺變化太大了。如非鄉音未改，準互以為對方是什麼人呢？

這不能不令我想起賀知章的《回鄉偶書》：

「少小離家老大回，鄉音無改鬢毛衰，兒童相見不相識，笑問客從何處來？」

見過同學之後，我到屋後的小竹林走了走。這些小竹林，一見就知是新竹。當年的那些老竹，相信早已被砍伐。今天，或為凳、或為筐、或為扁舟，甚至火裡涅了槃。

我想，人生也定當是如此。由少及長，由長而老，由老而朽，最後回到該回的地方，去到該去的地方，新陳代謝，輪回往返，不停不息。

夜臨了，與同學茶敘。他的容顏雖改，但講起話來的動作、表情，還如當年一樣，他的興趣、愛好，也還如當年一般。他的雄心、壯志，雖已沒有再實現的可能，但談起時，還是那麼慷慨激昂，好似這些就是明天的事情，明天的景象。

從他身上，我想到了自己。我也從少年來，那時，青春飛揚。而今，到了所謂的年富力強。平時，我總以為，我長大了，我中年了，因此我成熟了，我的思想縝密了。從他身上，我才發現，其實，我也一樣，還是一如從前，單純著單純，夢幻著夢幻！

記得多年前，夢幻著從家鄉的田園到都市；到了都市，夢幻著從中國都市到外國都市；後來，到了外國都市，又夢幻著回到家鄉的田園。想來著實有趣！

不過，說實在，我倒不以此為悲，而是以此為喜。難得能夠如此的，我還是我，你還是你。儘管時空已異，山水已移。人生還有世界，並不缺已被創新發展的東西，缺的是還被

保留傳統，具有原生態的東西。更何況，還是人的思想、性情。

要回福州時，同學相送到路口，我無物贈別，就講了一個禪宗的故事，作為贈禮：

曾經，一位茶坊主人向有道禪師請法並準備供養之。

坊主：「古鏡未磨時如何？」

有道禪師：「黑如漆！」

坊主：「古鏡磨了之後如何？」

有道禪師：「照天照地！」

對話結束時，坊主不客氣地說：「禪師，對不起，恕我不供養你。」說完，徑直而去。

遭此際遇，有道禪師深感慚愧。之後，他苦參禪法，精勤不息。

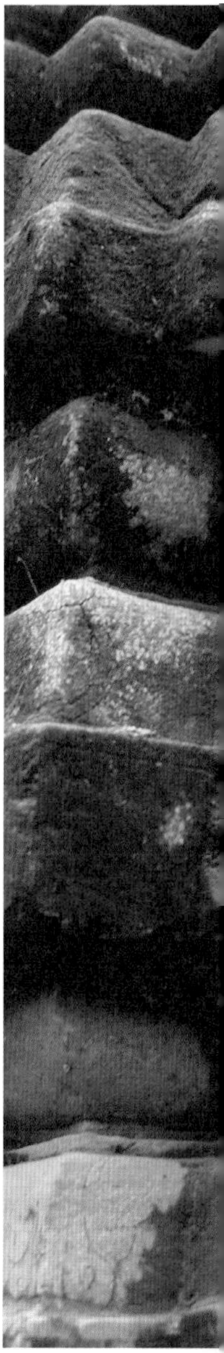

數年後，茶坊主人又來找有道禪師。

下邊是他們的對話：

坊主：「古鏡末磨時如何？」

有道禪師：「此去漢陽不遠。」

坊主：「古鏡磨了以後如何？」

有道禪師：「黃鶴樓前鸚鵡洲！」

對話一畢，這坊主立刻跪下，請求禪師接受供養。

車回路上，我在想，是呀，古鏡磨與不磨，磨前磨後，又有什麼差別呢？黑漆的是古鏡，照天照地的還是古鏡。少年的是你，中年的也是你。你我就從來不曾發生過改變。改變的只是時空，只是心境，只是身外的名利權位，名聞利養。

如果，我們能認清這變與不變的現象與本質，那麼，我們對世間的變與不變，就會對應得更坦然淡定與灑脫從容了。

【紅爐片雪】

《五燈會元》中有句：「去年今日時，紅爐片雪飛。」有人理解：紅爐片雪，雖潔淨，卻短暫；雖有卻空；似有若無；既辯證又矛盾。

人生，同樣——紅爐片雪。

回首前塵，渾如清又濁的夢，頭緒尚未理出，便又昏昏沉沉覺覺醒醒。這螢光電火，一閃，便是幾十年了。

晚間，於峨嵋峰上，靜聽山風，柴房翻書。話說無根禪師，曾經不知自己在哪，地下找不著，水中尋不著，火中探不著，空中見不著，因此了悟無我，從此不再尋找自我。閱此公案，回照自己，恍如隔世，也不知我在哪裡，哪裡是我，什麼是我的前世與今生？是否會因此了悟！

一次，惠心禪師受帝王召見、賞賜，他以帝王的賞賜孝贈母親，而母親卻因此生氣，責怪惠心不應熱心名利場，懷著虛榮心，而應安守淡泊，做個清修有證的禪者，這才不愧為人天師範，才算真參實學。又有一次，惠心打算回鄉一趟看望年暮的母親，母親知道後，勸其勿回，說出家為僧，已為佛門三寶所有，一切眾生所有，不為母親一人所屬，應以眾生、三寶為首要，應以報恩三寶、拯救眾生為最迫切。

關於紅爐片雪，大顛禪師有話：「自然休歇，自然放下，如紅爐上一點雪。」紹悟禪師有說：「有時放下，似紅爐點雪，虛含萬象。」宗杲禪師有曰：「紅爐焰上雪華飛，一點清涼除熱惱。」《五燈會元》之《契詮》有片段：「弟子問：『牛頭未見四祖時如何？』師答：『玉上青蠅。』又問：『見後如何？』又答：『紅爐焰裡冰！』」看來，紅爐片雪還有另外一層妙義，另外一種高境。

僧俗，出世與入世，迷悟，地獄與淨土……紅爐片雪啊！

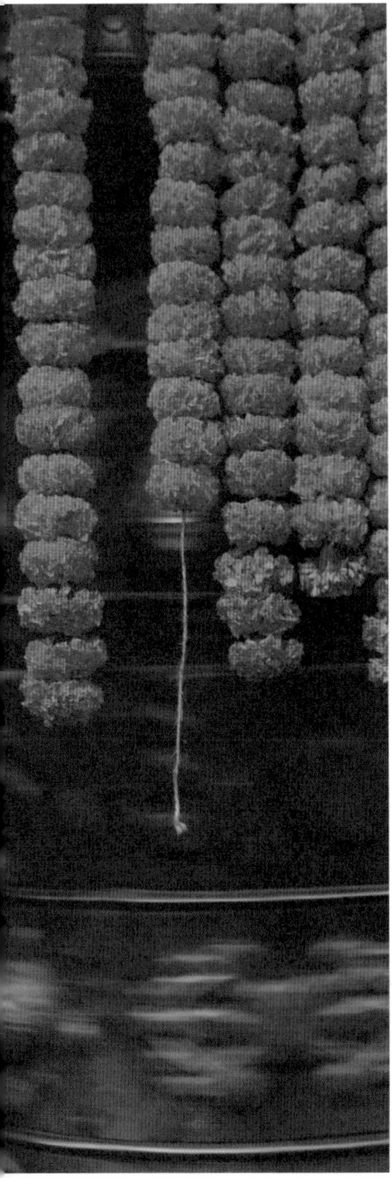

【禪心一滴．四海禪境】

蘇東坡的悟性真是很敏銳，否則如何能吟出：「溪聲盡是廣長舌，山色無非清淨身。」這與大珠慧海的「青青翠竹盡是法身，鬱鬱黃花無非般若」，有著異曲同工之妙。

天性原因，我喜歡漫行於佛教的文學、書畫、雕刻、音樂等園中。因為我感覺，也相信，只要有禪心，其中便有禪境。

夜深之際，每近晚息，我習慣地都要臨摹一會兒書法字帖。這摹字臨帖，有如坐禪，屏呼屏吸，專注一境。一入其潛，禪意起，禪慧生。如人飲水，冷暖自知，是一件很愉快的事。

習字之餘，看到同道者中有精通繪畫的，我手也癢癢。不過，心不癢，因為，雖不會畫，但學會欣賞也好啊。對禪者而言，會欣賞，也是一種境界啊，包括欣賞畫，也指欣賞人等。平時也喜瞭解茶道、花道、香道。茶時，如禪清心；花時，如禪悅心；香時，如禪爽心。

因身心於禪剎，每日晨鐘暮鼓，那鼓聲清越淡煩惱，鐘聲悠揚濃清涼。斯梵斯樂斯禪音，多美妙啊。

有時，徜徉通幽小徑，會偶遇一二尊聖者或名者聖容，彼刻，我必心生敬仰之情。有時，懷著禪者的心情，到一些雕塑雕刻作坊，感動於藝術家們製作時對聖者或名者的那份投入與虔誠。每當此時，我都想親自體驗一下製作，感受那種聖者心起、聖者容生的純淨與神聖。如步禪林。

我也愛好寫點小文字。這古老的小方塊，當你清心地遊走其間，與之為伍，也與之為友，你會發現，他很樂意與你溝通，無論是情，無論是魂。當我與之打成一片時，往往是寵辱皆忘，身心俱失，如入禪定，惟喜洋洋者矣。

由此，我在想，禪真是無處不在，無時不有。只要我們有禪心一滴，便四海禪境。

【我們需要什麼樣的靈修】

今朝有酒今朝醉，未必有命到明朝。

今朝有酒今朝醉，明日愁來明日愁。

這是什麼主義？就是虛無主義、享樂主義、感官主義。這主義衍生的，就是拜金、縱欲，就是毀棄倫理、踐踏道德，必跌入沼澤悶死，必跌入泥潭憋死。

早在釋迦牟尼佛的時代，古印度就有類似思潮，佛教謂之順世派，是佛教極力批判的「六師外道」——六種異端邪說之一。

這順世派否認因果輪回、過去與未來；提倡及時行樂、滿足欲望；認為只有享受於財富、美色、放蕩、狂歡才是生命與生活的唯一真諦。因其順應世俗趣味，故謂之順世派。佛教教主斥之為既荒謬混亂又害己害人的斷滅論。

這斷滅論，並不因為佛陀的極力反對與批判而滅跡，而是在印度若隱若現地繼續流傳。

古印度的所謂愛神節，就是以順世派思潮為理論基礎的民間風俗。後來又演化為所謂的霍利節。

近年，一些所謂的「靈修」活動在我國興起，趨之者眾。這些「靈修」點，魚目混珠，真假難辨，有的人興致而去，敗興而歸，有的點甚至是個陷阱，只是斂財騙色之所。更有甚者，實為邪教聚落。

近日，有報紙報導，說某地某「靈修」場所，不為靈修，只為其他。我看了之後，心情難過。想不到，二千五百年前佛陀極力批判的異端邪說，到今天還有市場，還在啟動禍端，傷害世人。

根據報紙報導的內容分析，報導中說的那些「靈修」，實為順世派的遺毒。這順世派，在當代印度，有個臭名昭著的門徒，他叫阿恰里亞・拉傑尼希，生於一九三一年，死於一九九〇年。由於家境殷富，又頗有才氣，還一度任教大學，在印度也算小有名氣。之後，他心血來潮，致力「靈修活動」，在印度與世界各地創立「靜修中心」。不料後來，他的「靜修中心」與「靈修活動」被人告發，實為坑蒙拐騙又黃又毒的窩點窩行，證據確鑿，他差點坐牢。由於名聲已臭，他便改名奧修。近來，報紙報導的「靈修」，多尊此人為教主，可見其「靈修」內容與實質之一斑。

為什麼這麼多人迷戀奧修的「靈修」，除了盲信而導致誤入歧途外，缺失正確的信仰，價值觀錯位，也是重要原因。

近年來，經濟發展，民生豐足，但社會與個人也為此付出了很大的代價。由於過度強調經濟、物質，缺乏強調道德、精神，致使人們一度陷於身心靈的矛盾體中，靈魂、心理甚至身體，因此失去了平衡，從而扭曲、畸形、變態。人類的抗壓抗病能力是有限的，當這身心靈的壓力與病態達到人類無法自控的極限時，人類一定會自動地去尋找突破缺口與解決之道。因此，所謂的「靈修」等就成了人們的選擇之一。

我認為，民眾對身心靈的修煉有所需求，這是自然的，也是必然的，這是人類自身的身心靈現象與本質決定的。因此，整個社會要坦然地去面對。關鍵是，要提供與引導正確的、合法的解決方法與場所，同時，要杜絕與摧毀謬誤的、違法的解決途徑與聚點。什麼是正確的、合法的方法與場所？

最後，我想說，人生是需要崇高信念的。沒有崇高信念的人生，與行屍走肉何異！答案，總是會比問題多的。惟享樂與惟苦行之間，就有一路即中道呵。

佛教告訴我們，這一路，是純淨之路，純真之路。講慈悲與智慧俱足；講修行戒定慧與息滅貪嗔癡；這才是真正的靈修啊，這才是身心靈矛盾體的根本解決之道啊。

願你我，三思之後，擇而行之。

【夜登臺灣阿里山】

暮春三月，江南草長。雜花生樹，群鶯亂飛。

正是身長樹、心生花的時節，早早地，我們幾位同行，夜登阿里山。那時，星星尚未醒，睡眼惺忪於天上。遠山灰茫茫，近樹也灰茫茫。似有鳥聲稀疏，隨細雨飄落，又似花兒的開響。

彎彎的阿里山小徑，長長，還是短短？窄窄，還是寬寬？幾芒鞋，幾袈裟？輕步在花樹交雜的小道上。山月半隱，高懸於山頂、樹梢。他可知？我們的腳步在丈量著什麼？要邁向何方？

人生近半百，攀過幾多山。也曾汗滴泰山、黃山、華山、廬山……那心情複雜的，莫過於攀登阿里山。我相信，這不因為山，而因為山之故鄉。

有人告訴我，承載阿里山的臺灣，曾經，與大陸同在一塊，後來由於地質原因，裂變了，分作兩邊，作了兩塊，恰如兄弟姐妹。風，從他們間刮過；雨，從他們間襲過；水，從他們間隔過。從此有了海峽兩岸。臺灣，從此離開了他的故鄉。阿里山，也從此開始了流浪，流浪……

此次，夜登阿里山，為的是看日出。

未及山頂，天已微微淡白，一路上，可見那山，那樹，那草，那花，那寺，那屋，那人，那霧，種種的種種，皆在朦朦朧朧中。

及至山頂，已是人聲鼎沸，人潮如湧。棚搭的一些小屋，透著奶茶、咖啡的香氣。棚下的燈火，泛著柔軟而溫和的暖光。遠山之上，宛若天邊的神祕地方，淡白色中滲出絲絲縷縷的金黃光

亮，散著淡淡的光圈。這時，我似乎隱隱聽見了，湧自阿里山地心的幽幽的神祕天籟。

此刻，我多麼想見到那一個人啊。

那一人，他曾經哇哇誕生於大陸，後來，鬢髮蒼白於臺灣。他曾經日記之：「我百年之後，願葬於玉山或阿里山樹木多的高處；山要高者，樹要大者，可以時時望大陸；遠遠是何鄉，是我之故鄉。我之故鄉是中國大陸。」他曾經遺言之：「葬我於高山之上兮，望我大陸；大陸不可見兮，只有痛哭；葬我於高山之上兮，望我故鄉；故鄉不可見兮，永不能忘；天蒼蒼，野茫茫，山之上，國有殤。」

他不是別人，他正是被稱為「三間老屋一古

槐，落落乾坤大布衣」的于右任先生啊。

站在阿里山上，我有否與那一個人見上？但最終沒能替他看到對岸的他之故鄉。因為，霞彩雖然出於天上，但雲霧還是遮蔽了太陽。天雖然亮了，但太陽還是沒有如人們傳說般的那樣一躍而出——光照十方，天地輝煌！

由於沒有看到日出，幾個同行感覺有些遺憾。他們問我感受，我淡然微微一笑，沒有作答。我總認為，金黃絲縷的彩霞都出現了，離出太陽還能有多遠？還能有多久？即便是金黃的霞彩絲縷沒有出現，也不等於太陽不存在太陽不出來啊。於是，我心在想，等下下山時，我就做個無心道人吧，我眼未見，我就以心見，我眼雖未見，我定以心見，我要把心留在山上，棲心阿里山的峰巒，不為山，只為太陽。我相信，總有一天，太陽會出來，我的心，終將會於那一刻——感受到它的噴薄而出，騰躍於雲端。

【面朝大海・春暖花開】

面朝大海，春暖花開。

清晨，星星尚未完全隱去，於故鄉的海邊，徜徉……

海上薄霧生起，沙灘泛著銀光。自遠而近的潮聲，一波又一波，深沉、渾厚、大氣、凜然。海風勁拂，沁著獨具的香味。

從沙灘，向礁岩。

小坐於一塊嶙峋而爬滿海苔的石上，看舟過，望鷗飛。

我在想，浪潮富有韌性韌勁，礁石何其剛強堅強。門前的大海，千年萬載何曾停止過奔騰。它的奔波不息，堅持不懈，也許連它自己都不知為了什麼！但它並沒有因此而停息，總是潮落了再潮起。浪潮的力量，我們扯不斷，分不散，總循環，輪回般。而礁石經風吹、雨打、浪襲，雖傷痕累累，乃至變得醜陋、怪異，甚至於畸形，卻絕不退縮逃逸，總與日月同光。它寧願被風化，也決不做卵石，隨波流轉。就算斷臂折腿，也不失稜角鋒芒。

曾經，也徜徉過泰國的海、印度的海；韓國的海、日本的海；馬來西亞的海、新加坡的海；斯里蘭卡的海、馬爾代夫的海；以及歐洲、美洲的海。但，從沒有在家鄉的海邊那樣，對海充滿了依戀，充滿了想像。

也許，自童年以降，枕著故鄉的濤聲而眠，潮汐已融進了呼吸，於是有了種天然的熟悉與相應。每當我的人生如帆，乘風破浪，我就會時刻感受到，故鄉的海風在我的血脈中，快樂地躍動，幸福地鳴響。每當我的生命桅杆經受著風雨，黑雲壓海，黑浪騰山，那故鄉的海鷗就會在我的心中，在我的胸中，在海天的間隙中，勇敢地展翅，無畏地飛翔。

感受著浪潮與礁石，我忽然想到其二者間的關係。常常地，韌性的海浪摧毀了剛強的海礁。浪雖柔，卻也具備了摧毀的力量。石雖硬，卻也被摧毀。海浪的去摧毀，是無心？還是有意？是有選擇的？還是出於無奈？礁石的被毀滅，是沒有選擇的？還是自願？是心甘情願的自我犧牲？還是怨結滄海？無論如何，我無意尋求與知道這些答案。

時光流轉，海還那樣嗎？天空漸漸明朗。隨著舟近舟遠，鷗低鷗高，海上的薄霧，漸已散去。這時，沙灘泛起的是金光。清晰的地平線處，有半輪紅日，如希望的烈焰，躍動著閃耀、焚燒，就要把整個大海與天空點燃！這時，我彷彿聽見一對話的回聲：

——海的那邊，有岸嗎？

——海的那邊，有岸，但看不見！

【拯救動物救贖人類】

月前，鄉友微恙，前往探望。路經鄉野，偶過屠門。有鄉野老伯正在庭外宰殺一鴨。悲淒、哀絕的鴨叫，從一聲到待殺的一片。那情那景，當時，乃至如今，都在震撼震驚我的心靈。當刻，我一下子懵了，不知該衝過去制止？或奪路而逃避？愣了一會兒，才醒而破口一喝：別殺了，我高價給你買活的。

有時，不少人會認為，戒殺的對象擴展到人以外是否有點唱高調。其實，確實不是。因為動物不僅與人一樣具有根本性的高貴靈性，而且，人與動物都是生物鏈的一環，我們的命運緊密關聯。動物是人的和諧伴侶，是人的歡樂福星。每次，我看見小朋友或女子們牽著小狗，抱著小貓，養著小兔，我都會有種感動和愉悅。在其中，我看到了人性與動物性平等而交融地發出生命的光輝，而這正是我嚮往的生命與信仰情懷之一。有時，看到老大爺或大男人們，也牽著小狗，抱著小貓，養著小兔，我雖想笑，忍俊不禁，但也為之感動，而且歡欣。這時，男人們的堅忍與剛強不再以殘酷和生硬去展現，而是充盈著溫馨與柔軟。

我想，這是這個社會正缺乏和需要的。

我何止一次地聽到——動物救人的傳奇；還有動物與人相依為命，主人去世後，動物不吃不喝而死的故事。

這些讓我想到，人與動物的平等相處，和諧相處，並不降低人的靈性與尊嚴。動物，有牠自己的世界，從無需人的施捨。只要人不去侵犯牠們的權益就已很好。未出家為僧前，我以為動物是沒有尊嚴的，就算殺牠來吃，也沒有什麼。後來才知道，牠們也有生存權，也有高貴的靈性，人或佛都有可能曾經是其中的一員，牠與人一樣，都是靈性生物鏈中的高貴一環，誰也沒有權利將這一環取而棄之，或抹殺掉，而且也不可能。人與動物，在這之中，其實是個互助的環節。

我想，拯救別人就是救贖自己，包括生命與靈魂。一樣的，人類對動物的拯救，也一樣是對人類自己的救贖。

讓我們大家慈悲動物，博愛動物，做動物的好鄰居好朋友吧。

【遊聖徐霞客】

讀中學時，就特崇拜明代徐霞客。

這不僅僅因為他：「馳騖數萬里，躑躅三十年。」還因為他寫成了天下奇書之《徐霞客遊記》。

早年，在常熟興福寺時，讀過《徐霞客傳》，作者是常熟的錢謙益。那時，我對徐霞客的出行，要麼伴一僧，要麼攜一奴的做法，印象深刻。

徐霞客旅歷，從二十二歲起出遊，直至五十六歲時去世。在那時代，這是常人很難做到的。可以毫不誇張地說，他是「中華旅遊第一人」，亦是「背包客的始祖」，堪稱「遊聖」。

少年徐霞客便嗜好遊歷，更立願說：「大丈夫當朝游碧海，而暮宿蒼梧。」他的好旅嗜遊，與其家庭影響關係很大。其父一向樂於山水，有一次，兩官員來訪，他得知消息後，為避而不見，悄悄從後門溜掉，到太湖樂他的山水去了。徐霞客少年時，由於文思很好，親友都勸本無意官場與八股文的他去考科舉，以便金榜題名，惟其父說：人各有志，豈可勉

強。十九歲時，其父亡。古人云：父母在，不遠遊。因老母在堂，他不敢遠遊。對此，徐母對他說：身為男子漢大丈夫，應志在四方，出去遊歷吧，到天地間去舒胸放眼，怎能因我，如籬笆裡的小雞，套在車轅上的小馬，留在家園，無所作為呢？為此，他就戴著母親親手為他做的遠遊冠，出門壯遊，時年二十二歲。

徐霞客的遊歷，與僧人結下了不解之緣。

錢謙益的《徐霞客傳》曾說：他出遊，或伴一僧，或攜一奴。當然還有一拐杖、一包袱。有次，他與僧人靜聞一同欲往雲南雞足山，一處迦葉菩薩的道場。不料，路遇盜賊，不僅盤資被搶，靜聞還被重傷致死。有人勸他回家算了，他說：「我帶著一把鐵鍬出來，什麼地方不可以埋骨呀。」不肯回頭，還是繼續前行。千辛百苦，終到雞足山。在雞足山，他把靜聞的骨灰掩埋於此，了卻靜聞臨終的遺願。但此行，他也付出了很大的代價，腳生病了，人難行走。於是，他便暫留，兼修《雞足山志》。生命後期，在他病重時，有友人去探望他，他對友人說：「西漢的張騫、唐代的玄奘、元朝的耶律楚材等到過西域，他作為一個平民百姓，也到了西域，與那三人合而為四，今雖死也無遺憾了。」由此可見，他對玄奘大師的崇拜。

從張騫，至玄奘，到耶律楚材，及至徐霞客，不同時代，其遊歷模式或許會有不同，但我想，其精神當是一如的，就如我們僧人的行腳——

是一種生活態度，是一種生活品味。

是一種信仰方式，是一種信仰境界。

【文明的差異——心文化與身文化】

五月的聖城康提（斯里蘭卡中部城市Kandy），雲卷雲舒，花開花落。

由於佛教活動，諸方僧伽，彙集駐錫聖城山麓的旅舍。舍後青山千仞，舍前碧野萬頃。舍之主體，多以木構，生態自然。舍之格局，渾似禪院。傍晚時分，清風徐來，沁著山野花草的馨香。齋後，踱步石階與池邊小徑，情閑意逸。

這時，有法國小夥子前來搭訕，他說，也住在這裡，因見這麼多僧伽，他很好奇。他說，他想知道，代表東方文化之一的佛教到底講些什麼？東方與西方文化到底有何區別？聽他這麼一說，我想，確實，尤其是第二個問題，問得是相當有普遍性。

我總以為，文化的核心精神與最高境界，無論東方西方，都是一樣的，但其於各層次的表現形式卻是不同的。

站在我的立場看佛教。佛教既然強調看心、坐禪、止觀、靜心，以純淨與沉靜內心為己任，那麼，佛教便是內省反思的文化，是心的文化。禪宗把這心文化推到了極致。一個悟字，便把這一切都做了說明。由於佛教是心文化，因此，做的是心的文章，煉的是心的功夫，著重於內在潛力的發掘，以及提升內在的自覺，從而使人知慚知愧，達到心的寧靜、意的淨化。而儒家也強調內省與反思。孔子就說：內省不疚，夫何憂何懼。而孔子的學生曾參更說：吾日三省吾身。

內省與反思，註定了東方文明具有寬容、隱忍、謙卑等等的性格特徵。即便是遇上對抗性的矛盾，也是引而不發，含而不露，或曰不戰而屈人之兵。因為只有這樣，才能達到內心的和、和平、和諧。只有內心的和、和平、和諧，才有內心的寧靜，才有內意的淨化。

我們看西方的文明，似乎就不同了。大部分的西方文明，包括某些哲學與宗教，做的是心外的文章，煉的是心外的功夫。也就是說，西方文化是身的文化，靠的是心外的實驗與行動，因此重視的是物質的享受與感官的刺激。因是身的文化，所以用的盡是外力。他們缺少內省反思之道，缺乏內省反思力量。為此，自負、傲慢，以自己為中心，以救世主自居，好作裁判，好打抱不平。一旦在這實驗與行為中拿捏不準，出現偏差，或者，一旦挾著私心，有失公正，那麼，導致的必是衝突、暴力、破壞力，這習慣反覆薰陶，不斷養成，便形成了侵略文化、戰爭文化、霸權文化。

這一心一身、一裡一表、一軟一硬，我以為，便是東方西方文明在各層次表現形式上的不同或區別吧。東方人為什麼重心，該不會是因為體弱身小，所以只能靠強大自己的內心？西方人為什麼重身，難道是因為身強體壯，以為這就是自己的依靠與本錢？

與法國小夥聊完這些，他聽得滿頭霧水，似懂非懂。當然，這有內容抽象的原因，也有我英文水準有限，無法準確表達的原因。

為此，我不得不為之舉了個例子——

中醫看病，主要是實行扶正，慢慢調理，提升強化病人的免疫力，使金木水火土等調和，從而克服病源，強身健體。而西醫，主要方法是祛邪，用猛藥殺毒殺菌，這雖去了病源，但也傷了免疫系統，削弱了免疫力，為健體強身留下隱患。這回，他似乎聽明白了。

話雖如此，在這世上，當然沒有絕對的事。一心一身、一裡一表、一軟一硬之說或之分析，亦是如此。佛法的真理告訴我們，本質上說，真正接近真理的真理，在這世間，應是中道，或者，似儒家說的中庸吧。因此，末了，我想說，在體現東西方文明的叢林，各有美花，也各有醜草，其皆各有奇用，皆是人類偉大的創造。關鍵是，對這些，要用得恰在其時，要用得恰在其處，要對得了玄機，要起得了妙效。同時，世上沒有絕美或絕醜的文明，其皆各有奧祕之處，要的是，需互相借鑒，各取長補短，使其圓圓融融與圓圓滿滿。我以為，這才是對待不同文化包括東西方文化的正確態度與方法。

【結緣．分享】

生活數十年了，如在水上的舞臺，前前後後，左左右右，從第一到倒數第一，從倒數第一到第一。忽然，來了一陣風雨，顛顛倒倒，好不容易抓得一塊浮板，沉沉浮浮，也不知何時與哪裡才是盡頭，才可到家。

回家的路，很遠。

回鄉的路，很長。

但生命的彩虹，總是很短。

水上的人生舞臺總是搖晃，人生的舞蹈總是變幻，也許，你的歌唱會很高昂，但誰來保證，風聲雨聲，不會令你的歌聲沉消？

就如昨天，我在路上看到一幕車禍慘劇，那位車主，十年前，五年前，一年前，哪怕一天前，甚至一秒前，也不會知道自己此刻會遭遇這些厄運厄境。

人生，真是一場不知何時就莫名其妙落幕的戲啊！

也因此，我們應當珍惜擁有的現在，感恩生活，感恩大眾，尤其，當我們還可要站能站、要坐能坐的時候。

每當走在路上，或坐在道旁，人們從我的前面走來，或走向遠方。這時，我就會想，我能為人們做點什麼呢？我能於這路上遇上人們，必是與人們有緣，廣結善緣，促緣增上，總是美好的。而人們之來或人們走遠，一面之見，一影交叉，就是與我結緣，就是為我而來，為我付出，我沒有不回以贈禮的理由。哪怕我的贈禮、我的結緣，只是一句三春暖的鼓勵，六月涼的提醒，一個微笑，一個問候。

人生，需要結緣。

結緣，就有分享。

分享，就有獲取，就該付出。

有些人想有錢，卻不為錢付出；想有權，卻不為權付出；想做科學家，卻不為科學付出；想當藝術家，卻不為藝術付出；想成佛，卻不為佛教付出。不肯付出，沒有付出，就如沒有種子，從哪裡開出花結出果？

其實，錢也罷，權也罷，科學家也罷，藝術家也罷，佛也罷，在某個層次上，都只是我們心中的一種具象，雖在遠方，卻在心裡，我們沒有辦法為之具體付出什麼，無需我們為之具體付出什麼，因為所謂付出的，都不是我們自己的，能夠付出的，我們自己也都有。如果說，我們有所謂付出，付出的也只是付給了我們自己。

不是有人告訴我們嗎？他說：能為一村人付出，就有當村長的資格了；能為一鄉人付出，就有當鄉長的資格了；能為一省人付出，就能當省長了；能為一國人付出，就能當總統了。難道不是嗎？

好人好自己，好人壞自己，因因果果，就是這麼來的。

因此，如能付出，有機會付出，是一件多麼幸福的事啊。

不付出，無法結緣。
不結緣，沒有分享。
沒有分享，怎有富貴與幸福？

【為善不分僧俗不計榮辱】

古人說：勿以善小而不為，勿以惡小而為之。為惡，是短線討小便宜，長線吃大虧。為善，是長線討大便宜，短線吃小虧。

為善，除了有心，還要有好因緣。因緣不聚時，我們為善，便要付出各種代價。但又怎能因此不為呢？

記得禪宗中有兩個相關的公案：

一個說：月船禪師為了籌款賑災，救助寺院所在地區百姓的災荒，有酬金才肯給人作畫。有富婆為了羞辱他，特意以高價請月船禪師到她舉辦的宴會上在她的裙子上作畫。她還當著月船禪師的面對著賓客們說：這位禪師只認錢，他的畫不配掛客廳，只配裝飾她裙角。月船禪師用作畫的錢，為鄉民建了一座倉庫，購儲了一倉庫的稻穀；為完成師父生前遺願，建了一座寺院。完成這些後，他拋下畫筆，從此退隱山林，不知所蹤。

另一說：榮西禪師為救貧病交加、瀕臨絕境的一家人，在寺院無財無錢的情況下，便將某信徒供養用作佛像貼金的金箔拿給那家人，讓其換作金錢，快拿去治疾病解饑餓。榮西禪師的徒弟為此不滿，說那錢是佛教財產，豈可說送就送了，再說，還是信徒指定專案的專項捐款。榮西禪師聽了，開示徒弟們說：佛陀當年修道，為了解鷹與虎之餓，便割肉餵鷹，捨身飼虎，我們與佛陀比，做得怎樣？他接著開示道：我們拿著佛陀的資財，解急救急於民眾，也是為佛陀做弘法利生的事，也是為佛陀增榮光啊。

以上兩個公案，給我們的啟示，很大很深啊。

無為法，如思想，是自己的，永遠隨身。有為法，如金錢，是別人的，終將離去。作為有為法的財物，不存在珍貴不珍貴，重要不重要，好不好的問題，只存在有沒有用、用得上用不上的問題。如果某一財物，你能用上，派上大用場，那便是其價值的體現。否則便無用處。因此，當某財物在某個時空，可以發揮大用時，千萬不要捨不得啊。倡惜福，是要我們警覺無謂的浪費，不是提醒我們要緊抓財物不放。把財物如弘法地用出去，花出去，那才是我們自己的。我們用出花出的，將會為我們帶來更大更多更有價值的返還。

上善若水，為善最樂。

【行禪與坐禪】

六祖門下高足永嘉玄覺禪師有句聖言：「行亦禪，坐亦禪，語默動靜體安然。」在此，神祕的禪，奧妙的禪，不僅可以坐來驗證，還可以行來驗證。這兩證法對現代忙碌的人們來說，無疑是兩劑難求的對症良藥。

為什麼行亦禪呢？其實，禪不從「坐」得，也不從「行」得，禪為本有，坐與行只是體驗和體證禪的一種方式與方便。《壇經》說：「外於一切善惡境界，心念不起，名為坐，內見自性不動，名為禪。」我們坐禪是為了入禪定，那何為禪定？《壇經》說：「外離相為禪，內不亂為定……外禪內定，是為禪定。」六祖曾經提醒弟子志誠說：「常坐拘身，於理何益？」為此，他偈曰：「生來坐不臥，死去臥不坐，一具臭骨頭，何為立功課？」

從此可見，禪定做的是心的文章，而非形或型。只要能得禪定，何論是坐或是行呢？

對於人類而言，人的形要者三，一為坐，二為行，三為臥。古人悠閒，多坐，喜坐；今人生活工作節奏快，多行，喜行。對古人言，以坐禪法入禪定，是首選；對現代人而言，

以行禪法入禪定，可與坐禪法平分秋色，平分天下。為此，我認為坐法與行法的結合，應是當今禪學禪修實踐的雙羽翼。

【隨緣與平常心】

安知住世君非佛，想是前身我亦僧。

先朝宰相葉向高如是說。

想必，我亦如是。

為文與說法時，我喜用安心、放下、自在、解脫、隨緣、方便等詞，更感歎其真義的奧妙與妙用。

隨緣的相關典型句子為：隨緣不變，不變隨緣。

有人以隨緣為隨便，此為一種錯誤理解。佛教說，隨便出下流。當然，此下流非指低級趣味義。

其實，隨緣與平常心有諸多共通之處。

為善無近名，為惡無近刑。花開花落，寵辱不驚。

有佛友聊及此，擔憂說：一旦有了平常心，事事隨緣，是否會影響進取心，導致無為。

其實，有如聖人云：無為無不為也。

記得有句：「岩松無心，風來而吟；適時無為，則無不為；無為而民自化，好靜而民自正。」

佛家常說：叢林以無事為興旺。想必理同。

為此，許多大福報者，有機會居廟堂之上，君臨天下，卻大智如愚，大巧若拙，也因此，管起國家，如烹小鮮，遊刃有餘。

當年，日本禪師種田正一顛沛流離，自覺無為無用，就去自殺。被救之後，他向一老禪師求教有為有用之道。老禪師答：坐禪。但老禪師末了提醒：坐禪最終也無為無用。種田正一驚訝：既然結果還是無為無用，幹嘛還要坐禪？老禪師道：就是因為無為無用才要坐啊。

種田正一禪師聽罷有所悟。

隨緣與平常心的反面，應是過於執著計較於得失、沉浮、榮枯、好壞、悲喜、有無、勝敗……

計得精，俗謂聰明。俗語說：「聰明反被聰明誤。」

幾人能夠天知、地知、您知、我知，知曉一切，把握一切？

如若不能，便與規律不契合，不契規律，豈不誤事誤人誤己誤天下？

也因此，我讚賞：難得糊塗，吃虧是福。誰敢斷定糊塗就不聰明？吃虧就不得便宜呢？

我說：或許還是大聰明與大便宜呢！

王維中年時，興來獨往，行到水窮，坐看雲起，談笑無還期。這就是真正的隨緣與平常心之境界啊，為我羨慕。

妙
観
察
智
六十遠
菩薩戒會
世安楽
萬霊頓離

【節慶宜素食】

中國傳統，節慶一到，無論貧富，總要慶賀一番，或作父母兄妹聚，或作夫妻兒女聚，或作同學戰友聚，或作同事朋友聚，聚必酒，聚必肉。

因此，一到節慶，一命歡喜萬命愁，一命留得萬命休。節慶期間，大家必密集殺雞、宰羊、蒸魚、烹狗，開始一年之末最瘋狂的大屠殺，生靈塗炭，天地哀嚎。

「鄰雞夜夜競先鳴，聽此蕭然度五更。血染千刀流不盡，佐他杯酒話春生。」「獸中刀槍多怒吼，鳥遭羅弋盡哀鳴。羔羊口在緣何事，暗死屠門無一聲。」清朝的彭際清和唐朝的白居易如是形容節慶大屠殺的情形。

「血肉淋漓味足珍，一般苦痛怨難伸，設身處地捫心想，誰肯將刀割自身」；「千百年來碗裡羹，寃深如海恨難平，欲知世上刀兵劫，但聽屠門夜半聲。」

我曾特意參觀瘋人院、老人院、醫院、殯儀館等，為體悟人生光鮮喜樂背後的另一面。在殯儀館，見一老年逝者橫陳，心生敬意，又生悲涼。敬意因為，逝者一生，無論貧或富，無論富貴或低賤，無論生活得尊嚴或恥辱，無論如何，他都挺了過來，讓生命之花長久開放，從少年到青年至中年及老年。悲涼因為，最終他還是謝了，來到那殯儀館，那裡成了他人生不可或缺的一站。在那裡，有一逝者的容顏已被粉飾過，但還是顯得蒼白，與蓋在其身上的白色布單交相襯映。見此一刻，不知為何，我突然想起雞鴨牛羊魚蝦，腦中幻映出牠們從生到死及成為屍體的一幕。想想，人與這些動物，從生死上看，有何不同，從遺體上看，有何不同？人死是屍體，魚死與豬死也是屍體。魚肉是魚屍，豬肉是豬屍。人類對人屍多有畏怖恐懼之心，奇怪，為何對牛屍雞屍就不怕，還敢食之，並食之有味呢？在人類，有幾人敢食人屍或人肉的？

對動物之肉，對食肉者，弘一大師曾詩曰：「惡臭陳穢，何云美味？掩鼻傷心，為之墮淚，智者善思，能勿悲愧。」明代僧人宗林詩曰：「魚在水中生，人在水中死，食餌魚上鉤，失腳人下水，人死魚腹肥，魚死人口美，吁嗟魚與人，惡乎不知此。」宋之守一詩曰：「聲與無聲莫浪聽，無聲隱痛轉惺惺，諸君下箸睜眼看，血肉團中有性靈。」

節慶的本意原是為了慶賀又順利過了一年，迎來新的一年，感恩過去的一年，祈福新年平安。因此，節慶之間，家家戶戶，老老少少，多在盡力積善積德。可是，多數家庭或個人，卻在節慶屠命食屍，與節慶的本意或氣氛如何能夠相應？如何能夠達到節慶的良願與效果？「誰道群生性命微？一般骨肉一般皮，勸君莫打枝頭鳥，子在巢中望母歸」；「葉葉東風楊柳青，青驄得得傍花行，勸郎收卻金丸彈，留個鶯兒叫一聲」；「教訓子女，宜在幼時，先入為主，終生不移，長養慈心，勿傷物命，充此一念，可為仁聖」；「飛來山鳥語惺惚，卻是幽人半睡中，新竹成蔭無彈射，不妨同享北窗風」。

素食的營養並不差於食葷；從人類的牙齒與腸道樣式看，本身就應是食素的動物；食素也符合自然和社會的規律。這幾年，國內經濟發展，人們生活水準提高，食素也開始成為一種時尚與潮流。這是好事，也是必然。

蘇東坡說：「口腹貪饕豈有窮，咽喉一過總成空，何如惜福留餘地，養得清虛樂在中。」

願如弘一大師所願：「盛世樂太平，民康而物阜，萬類咸喁喁，同浴仁恩厚，昔日互殘殺，而今共愛親，何分物與我，大地一家春。」

【亮起心燈一盞】

有了白天，不可避免黑夜。

有了太陽的暖，不可避免月亮的冷。

未來的路，無論過來得平坦或崎嶇，總將繼續延伸。

延伸，沒人告訴我們，哪會是壑？哪會是橋？

人生是一塊蹺蹺板，壓下這頭，起了那頭；壓下那頭，起了這頭。

我們可以純真，想像花是紅，草是綠，但不要忘了，葉是黃，樹是枯。

曾經，我以為地球是圓，海洋是平，馬兒會跑，鳥兒會飛……豈知，還有例外。

我總以為，我是南方的鳳凰，非梧桐樹不棲，非竹實不食，非甘泉不飲。但有人告訴我：

你不是鳳凰，你戀腐鼠的臭肉。

因此，我很愕然，我很沮喪，我很慚愧——這說明我做得不好。

一直以來，我喜誦念佛陀之言如斯：

「吾視王侯之位，如過隙塵；視金玉之寶，如瓦礫；視紈素之服，如敝帛；視大千世界，如一訶子。」

難道，我喜誦的入了口，沒有入了心？

如果，曾經的檀香，因為沒有香爐，沒有點燃。如果，曾經的上等香爐，因為沒有上品的檀香，因而不香。那麼，就讓爐與香俱去。

今天，我要點起心燈一盞。

讓我，把心燈點燃——

照亮心中的路，照亮心中的山河，照亮心中的世界。也因此，點亮我失明已久的眸子，照徹我自己。

本來無一物，何處惹塵埃。

別了，陸九淵，那個曾經讓我慚愧的榜樣：不求聲名，不較勝負，不恃才智，不矜功能。
從此，萬里長空，一朝風月，做回鏡中花，水中月，山中霧，空中雲。

【禪是一款藝術】

佛陀拈花，迦葉微笑。

花開覺者手，笑綻聖者容，這是一種怎樣的景象與境界。

深秋，滿山青翠，又滿山金黃，漫步在古木的棧道之上，偶然一瞥，眼前一位禪者，靜默著，他的袈裟飛揚。

禪，是一款藝術。

禪者，是一款藝術家。

曾經，我徜徉過柬埔寨的吳哥窟，在那典型的吳哥微笑前，我不禁陷入了無所思，彷彿潛意識中，只有吳哥的微笑，如禪花一朵。我也曾徜徉於緬甸的蒲甘，在那古塔的內在巷道中，每一次徐行，就每陷入一次時空兩失。我也登過斯里蘭卡的靈鷲山，在那山巔，一覽群山，想到佛陀當年也曾站在那裡，以其大雄之力，拯救蒼生，我既心生感慨，又物我兩忘。

我亦曾影落中國的敦煌石窟與沙漠、呼倫貝爾的大草原、三亞的碧海與古剎，斯地斯處，也都使我有言語道斷之感。

禪，無處不在，無時不有。

就看，我們是否有禪心。

禪，是心靈與自然之道的藝術化彰顯。

禪者，是禪藝術的發現者、挖掘者、欣賞者。

走在峰高氣清雲淡山翠的木棧道上，我儘量放慢腳步，感受呼吸，純淨意念回歸心靈，一舉手一投足，自然、無心，即便偶爾有了思緒，也只飄落在山間、曠野。

只是，當我淡寫輕描這些文字時，迦葉是否還在微笑，佛陀是否還在拈花。但我，無論如何，還是感受感知到了拈花微笑的餘韻深長。

國家圖書館出版品預行編目(CIP)資料

放不下？那就挑起來吧 / 釋本性作 . -- 初版 . --
[高雄市]：上趣創意延展 , 2015.06
面；　公分 . --(開心見本性系列；01)
ISBN 978-986-91880-0-5 (平裝)

1. 佛教修持　2. 生活指導

225.87　　　　　　104008686

【開心見本性】系列 01

放不下？那就挑起來吧

作　　者：禪和尚 本性
總 策 畫：佛圖網（www.photobuddha.net）
美術編輯：上趣智業（www.summit.cc）
　　　　　喬靜靜　梁莉
總 編 輯：王存立
藝術總監：宓 雄
發 行 人：李宜君
出　　版：上趣創意延展有限公司
地　　址：（80457）高雄市鼓山區中華一路 316-2 號 6 樓
電　　話：（07）3492256
網　　址：www.summit.cc
郵撥帳號：42321918 上趣創意延展有限公司
總 經 銷：紅螞蟻圖書有限公司
地　　址：（114）台北市內湖區舊宗路二段 121 巷 19 號
電　　話：（02）2795-3656
傳　　真：（02）2795-4100
印　　刷：成陽印刷股份有限公司
出版日期：2015 年 6 月初版一刷
定　　價：200 元
ISBN：978-986-91880-0-5